高等职业教育创客教育系列教材

U0369403

创客精选项目设计与制作

主　编　颜志勇　刘笑笑　严国陶
副主编　刘　彤　申　俊　唐　萌
参　编　李立斌　宁智群　向国平　刘　靖　艾金山
主　审　丁俊峰

机械工业出版社
CHINA MACHINE PRESS

本书是全国教育科学"十三五"规划课题 "我国职业技能型高校创新创业教育生态系统研究"的成果之一，是根据湖南机电职业技术学院"高职机电类专业创客型工匠'六创共振'培养模式研究与实践"的具体要求编写的一本跨专业培养的素质课教材。

本书根据创客型工匠培养的要求，采用生动形象的手绘插图、活泼简练的语言，以及身临其境的现场实物图片，从一枚印章开始，将创新思维与创新方法融入6个创客项目中，并使用前沿技术，如激光雕刻、3D打印、数控加工、印制电路、开源硬件Arduino等，激发学生的探索兴趣，向学生传递了创客的核心价值观：创意、转化、制作、集成和分享。

为方便教学，本书每个任务都配备了微课视频，读者只需用手机扫一扫书中二维码，就可以直接观看这些视频。

本书可作为高职高专院校创新创业课程（24~48学时）教材，也可供没有工程技术背景的12岁以上的青少年作为创客类参考书使用。

图书在版编目（CIP）数据

创客精选项目设计与制作 / 颜志勇，刘笑笑，严国陶
主编. — 北京：机械工业出版社，2020.7（2022.1重印）
高等职业教育创客教育系列教材
ISBN 978-7-111-65920-4

Ⅰ.①创… Ⅱ.①颜… ②刘… ③严… Ⅲ.①创业–
高等职业教育–教材 Ⅳ.①G717.38

中国版本图书馆CIP数据核字（2020）第107539号

机械工业出版社（北京市百万庄大街22号 邮政编码100037）
策划编辑：杨晓昱 责任编辑：杨晓昱 徐梦然
责任校对：张 薇 封面设计：马精明
责任印制：常天培
北京宝隆世纪印刷有限公司印刷

2022年1月第1版第4次印刷
184mm×260mm · 12.5印张 · 3插页 · 302千字
标准书号：ISBN 978-7-111-65920-4
定价：82.00元

电话服务 网络服务
客服电话：010-88361066 机 工 官 网：www.cmpbook.com
010-88379833 机 工 官 博：weibo.com/cmp1952
010-68326294 金 书 网：www.golden-book.com
封底无防伪标均为盗版 机工教育服务网：www.cmpedu.com

前　言

Preface

为顺应《中国制造 2025》对人才的需求，《制造业人才发展规划指南》制定了"大力培育工匠精神，培养崇尚劳动、敬业守信、精益求精、敢于创新的制造业人才"的战略目标。当前，机电类专业（装备制造大类中的机械设计制造类、自动化类专业）部分毕业生存在技能单一，跨界融合和创新能力偏弱，无法适应智能制造产业转型升级的需求的问题。如何提升专业支撑和引领产业发展的能力，是所有学校都面临的问题。

湖南机电职业技术学院（以下简称学院）在探索中选择了创客模式。创客教育被喻为"基于制作的教育"，主要关注电子、机械、机器人、3D 打印等工程化主题，与机电类专业的发展高度契合。《地平线报告》（2014 年高等教育版）将创客教育视为柔软地改变教育的重要手段。教育部《教育信息化"十三五"规划》明确提出"探索信息技术在创客教育等新的教育模式中的应用"。用创客教育改革机电类专业的人才培养，其意义重大，示范作用明显。但在如何推进创客教育与专业教育融合，用创客理念改造教育，存在以下三个突出问题：

（1）不想制作。学生学习动力不足，学习积极性不高；教师习惯于灌输式教学，师生动手制作的欲望不强。

（2）不会制作。教师缺乏工程实践经历，传统课程没有合适的训练项目，师生动手制作的比例不高。

（3）不能制作。学校缺乏能进行制作的场所和足够的场所开放时间，不受时空限制的场所不多。

针对上述问题，学院以 CDIO 工程教育、建构主义等理论为指导，以创客文化、创客学习建设破解"不想制作"的问题；以创客课程、创客教师建设破解"不会制作"的问题；以创客空间、创客社团建设破解"不能制作"的问题，通过"六创共振"模式培养机电类创客型工匠。

在此基础上，学院集合师资力量，开发了 2 门公共基础课程，10 门基于制作的专业课程，并在全院开设。近年来，学院通过创客教育培养了一大批创客型工匠，本书正是这些实践经验的总结，主要有以下三大特点。

（1）前瞻性。本书强调基于制作的学习、跨学科的学习和基于创造的学习，践行了知、行、思、创的统一，而且通过建立选题调研、知识构建、创意设计、产品制作、路演分享的过程模型，为创客提供了一种有意义的学习模式。

（2）综合性。本书注重机械、电气、信息技术、管理等多专业的交叉渗透，打破了传统专业门类对学生知识结构和能力体系的束缚，突破了传统专业培养体系的藩篱，力求基于创客项目的全生命周期理论和新产品研发模式，培养具有创造性的创客式人才。

（3）创新性。本书基于学院的智造创客学院，以创客教育为中心，以创客工坊为平台，以创客项目为支撑，具有一定创新性。

一种人才培养模式的形成和推广，需要长期的实践和总结，本书是学院创客型工匠培养模式的实践、总结、提炼和优化的结果，对激发学生的学习兴趣与创造热情，提高学生的实践动手能力、产品创新设计与制作能力，具有重要的借鉴意义。

本书由湖南机电职业技术学院的颜志勇、刘笑笑、刘彤、申俊、唐萌、李立斌、宁智群、向国平、刘靖、艾金山和深圳创客火科技有限公司严国陶共同编写。其中，颜志勇、刘笑笑、严国陶担任主编，刘彤、申俊、唐萌担任副主编，李立斌、宁智群、向国平、刘靖、艾金山担任参编。同济大学丁俊峰教授担任主审，对本书编写提出了许多宝贵的建议。

为方便教学，本书每个任务都配备了微课视频，读者只需用手机扫一扫书中二维码，就可以直接观看这些视频。

由于编者水平有限，缺点、错误在所难免，恳请使用本书的教师和读者批评指正。对本书的意见和建议请发电子邮件至 122198956@qq.com（湖南机电职业技术学院智造创客学院）。

编　者

2020 年 5 月

微课视频索引

序　号	名　　称	二维码	页　码
微课 1	项目一　批判性思维		002
微课 2	项目一　激光雕刻机的操作		018
微课 3	项目二　创造性思维设计		030
微课 4	项目二　特雷门琴的制作		042
微课 5	项目三　形象思维		058
微课 6	项目三　3D 打印机的使用方法		059
微课 7	项目四　635 头脑风暴法		103
微课 8	项目四　机械臂模型库的使用		113
微课 9	项目五　思维导图		126
微课 10	项目六　形意八卦图		152

目 录 Contents

创客项目三　魔力控制"指环王"——魔戒与台灯

Contents

创客项目六　万物照亮你的"美"——智能小家居

附　录

参考文献 / 190

创客项目一

镌刻你的"名字"——个人小印章

 学习目标

创客活动一：印面设计

· 掌握批判性思维的定义，能运用批判性思维进行提问。
· 能使用 LaserMaker 进行简单图形的绘制和文字输入。

创客活动二：印面雕刻

· 了解激光的原理、特点和应用。
· 会设置切割和雕刻参数，能操作激光雕刻机对橡胶进行切割和雕刻。

创客活动三：章体制作

· 能使用手工工具和木工设备对木方进行造型。

创客活动四：项目拓展

· 能使用激光雕刻机制作印章盒子和图形印章。
· 培养创新精神。

 建议课时

4 课时

➊ 项目发布

古人制作一枚印章，要经过磨印面、打印稿、印稿上石等过程，需要耗费数个小时，现在创客空间的数字化工具大大降低了制作的门槛，能帮助同学们快速又便捷地制作出个性印章，甚至能实现批量化生产。

现在让我们一起开始本次项目任务：设计并制作一枚姓名印章。该项目的思维导图如图1-1所示。

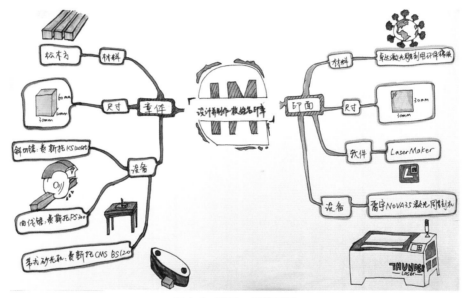

图1-1　项目一思维导图

➋ 项目背景

（一）批判性思维

1. 批判性思维的定义

批判性思维也称为批判思考或者批判性思考，是 Critical Thinking 的直译，在英语中指具有怀疑、辩证、推断、严格、机智、敏捷等性质的日常思维，即审慎地运用推理去判定一个断言是否为真。

目前，批判性思维的定义有很多种，其中，批判性思维的开拓者——美国学者恩尼斯（Robin H. Ennis）对批判性思维的定义为：批判性思维是面对相信什么或做什么的决断时进行的言之有据的反省思维。该定义有两个重要概念，即批判和反省思维。

（1）批判

①批判的要素。批判的要素包括批判的对象，也就是批判什么；批判的标准，即依据什么来进行批判；批判的目的。

②批判的基本原则。批判的基本原则包括宽容原则和中立原则，这是确保思维的客观性、公正性与合理性的原则。

宽容原则：针对批判的对象要实现宽容原则，以合理性的最大限度理解所批判的对象，即要透彻、准确、公正地理解批判的对象，尽量避免误解、曲解、一知半解等。在理解方面出现问题会严重影响批判的质量。

中立原则：针对批判的标准要实现中立原则，以无争议的或绝大多数人都同意的准则来作为评判的标准，如逻辑准则、科学准则、法律准则、道德准则等。

③批判的目的。批判的目的是要得出好的判断（决断、决策）。法国文学家布鲁叶说："世界上最稀有的东西，除了好的判断外，便是钻石和珠宝了。"美国物理学家爱因斯坦说："应该把独立思考和综合判断能力放在首位，而不是获得特定知识的能力。"若要得出好的判断，非竭尽全力、劳心苦思不可。而基于宽容原则和中立原则所得出来的判断，相比以其他方式得出来的判断，其质量要高得多。

（2）反省思维　人主要有两层思考，第一层是自然思维，是自然的思考，是洞察力与偏见、事实与错觉、真理与谬误混杂在一起的思考；第二层为反省思维，是对第一层思考的再思考，对自己的所知进行校正、更新。例如，棋手下棋，在实战阶段的思考是自然思维，在复盘阶段的思考就是反省思维，所以复盘式的思维是一种典型的反省思维。

2. 批判性思维的能力

批判性思维的能力包含解释、分析、评估、推论、说明和自我校准。

（1）解释　解释是指理解和表达各种经验、情景、数据、事件、判断、习俗、信念、规则、程序、规范的含义或意义的能力。子技能包括归类、解读意义和澄清含义。

归类：对使用范畴进行归类、区分，理解、描述信息的特征和意义。

解读：觉察、关注和描述信息内容、情感表达、目的、社会意义、价值、简介、规则、程序、标准等。

澄清：通过限定、描述、类比或比喻性的表达方式来解释或澄清词语、观念、概念、陈述、行为、图画、数字、记号、图表、符号、规则、事件或仪式等语境的、惯例的或意欲的含义，消除混淆、模糊或歧义，或者为这种消除设计合理的程序。

（2）分析　分析是指辨识陈述中意欲的和实际的推论关系，辨识问题、概念、描述或其他表达信念、判断、经验、理由、信息或意见的表征方式。

审查理念：确定各种表达式在论证、推理或说服语境中扮演或企图扮演的角色，并确定他们的组成部分，同时确定它们之间以及它们每一部分和整体之间的概念上的关系。

发现论证：确定陈述、描述、质疑或图表是否表达或企图表达一个（或一些）理由以支持或反对某个主张、意见或论点。

分析论证：分析对于那些意欲支持或反对某一主张的前提、理由、依据是否准确，如主结论、支持主结论的前提或理由、深层前提或理由。

（3）评估 评估是指对陈述、说明人们的感知、经验、情景、判断、信念或意见的表征的可信性进行评价，以及评价陈述、描述、疑问或其他表征形式之间实际存在的或意欲的推论关系的逻辑力量。

评估的内容主要包括以下六部分。

①论证判断一个论证前提的可接受性，能够证明该论证所表达的结论可被当作真的（演绎确定性）接受，还是被当作很可能真的（归纳或合理论证）接受。

②预期或提出质疑、反对，并评估或涉及的这些点是否为被评估论证的重大弱点。

③确定一个论证是否依赖虚假或可疑的假设或预设，然后确定它们如何对论证产生关键性的影响。

④判断合理的和谬误的推论。

⑤判断论证的前提和假设对于论证的可接受性的证明力。

⑥确定在哪个可能的范围内附加的信息能增强或削弱论证。

（4）推论 推论是指辨识和把握得出合理结论所需的因素，形成假象和假说，考虑相关信息，并从数据、陈述、原则、证据、判断、信念、意见、概念、描述、问题或其他表征形式导出逻辑推断。推论的过程包括寻求证据、推测选择、得出结论。

（5）说明 说明包含陈述推理的结果；用该结果所基于的证据的、概念的、方法论的、标准的和语境的相关术语证明推理是正当的；以使人信服的论证形式呈现推理。

说明的步骤为：首先，陈述结果对推理活动结果予以精确陈述、描述或表征，以便分析、评估，并根据那些结果推论或进行监控；其次，证明程序的正当性表述用于形成解释、分析、评估或推论的证据的、概念的、方法论的、标准的和语境的考虑，以便能精确地记录、评估、描述、向自己或他人证明那些过程是正当的，或者补救在执行这些过程的一般路线中觉察到的不足。最后，呈示论证给出接受某个主张的理由；对付那些就推论、分析或评估的判断之方法、概念阐释、证据或语境的恰当性所提出的异议。

（6）自我校准 自我校准是指自觉监控自己的认知活动、用于那些活动中的元素和得出的结果，特别将分析和评估技能应用于自己的推论性判断，以质疑、证实、确认或校正自己的推理或结果。自我校准包括自我审查和自我校正。

自我审查：反省自己的推理并校验产生的结果及其应用，反省对认知技能的运用；对自己的意见和坚持它们的理由做出客观的、经过深思的元认知评价；判断自己的思维在多大程度上受到知识不足或老套、偏见、情感以及其他任何压制一个人的客观性或理性的因素的影响；反省自己的动机、价值、态度和利益，以确定已尽力避免了偏见，做到了思想公正、透彻、客观、尊崇真理和合理性，而且在将来的分析、解释、评估、推论或表述中也是理性的。

自我校正：自我审查、揭露错误或不足，如果可能，设计补救或校正那些错误及其原因的合理程序。

3. 批判性思维训练方法——7W5H模型

俄国学者巴甫洛夫说"学不会观察，你就永远当不了科学家。"培养批判性思维能力的训练，从学会观察和提问开始。观察和提问并不是漫无目的地观看，观察是带着目的，主动地去提出疑问，以便发现问题。我国学者孙继伟提出通过七个维度（5W2H）来观察和提问。日本学者高彬尚孝建议通过九个维度（6W3H）来观察和提问，我们将两种方法改进并整合为十二个维度（7W5H）来观察和提问，7W5H模型如表1-1所示。

创客项目一

创客项目二

创客项目三

创客项目四

创客项目五

创客项目六

附　录

表 1-1　7W5H 模型

英　文	中　文	提问维度
What	什么	目标、目的、结果。他们在说什么？这是一个事实还是想法？他们说话有足够的根据么？他们是不是有所保留，有的话出于某种原因没说出来？
Where	在哪里	空间、地点、范围。他们在哪里说的这些话？在公共场合，还是私底下？其他人有机会发表不同意见吗？
Which	哪个	事件、活动。发生了什么事情？是公众事件还是私人事件？是好事还是坏事？
When	什么时候	时间。他们什么时候说的？是在事情发生前、发生中，还是发生后？
Who	谁	人物。是谁在说这句话，熟人，名人还是权威人士？重要不重要？
Whom	谁	对象。他们说的话是针对谁的？
Why	为什么	原因。他们为什么会这么说？他们对自己的观点解释得充分么？他们是不是有意在美化或丑化一些人？
How	怎样	状态、操作、具体内容。他们是怎么说的？他们说的时候看上去是开心的，难过的，还是生气的？仅仅是通过口头表达的，还是将其写成了文字？
How Much	什么程度	程度、成本。他们所表达的事件严重性如何？实际情况如何？
How Many	多少	数量。有多少人是这么认为的？他们是不是有一些其他的看法？
How Long	多长时间	时间。事件持续时间有多长？
How Often	多少次	频率。事件发生过多少次？

　　无论哪个维度，建议观察者都要换位思考，以同理心设身处地、感同身受地从被观察者的角度来观察。在不同的心态和意图下，观察到的问题是不同的。

（二）激光简介

1. 激光的来源

　　激光是受激发射的光放大。激光因其特殊性能，被称为"最快的刀""最准的尺""最亮的光"。激光技术（Laser Technology）与原子技术、生物技术、计算机技术一起被誉为 20 世纪四大技术，走过了 50 多年的快速发展历程，对人类社会的发展产生了重要的作用与影响。

早在 1917 年，爱因斯坦就提出了受激发射概念，1958 年，美国物理学家汤斯和他的学生肖洛提出了"激光原理"，两人均因激光研究获得了诺贝尔物理学奖，后人都称汤斯为"激光之父"。

原子中的电子吸收能量后从低能级跃迁到高能级，再从高能级回落到低能级的时候，所释放的能量以光子的形式放出。被引诱激发出来的光子束，其中的光子光学特性高度一致。

1960 年，美国物理学家梅曼宣布世界上第一台红宝石激光器诞生，激光器是利用激光产生的原理，从而产生激光的装置。它主要由激励源、工作物质、谐振腔三部分组成，激励源提供外界能量，如光、电等；激光工作物质产生光增益；谐振腔提供光学正反馈，使得受激辐射和光放大过程持续，形成激光模式。

2. 激光的特性

激光的特性包括平行度好、亮度高、单色性好。

普通光源发出的光是射向四面八方的，就算性能再好的探照灯，也会有 0.1 弧度的发散角，而激光的发散角只有 0.001 弧度。探照灯的光到达月球时光斑直径会达到几百公里，探照灯照射平行度如图 1-2 所示，而激光只有 2 公里，激光器照射平行度如图 1-3 所示，所以激光往返的能量更集中，更适用于精确测距，激光的这种特性被称为平行度好。

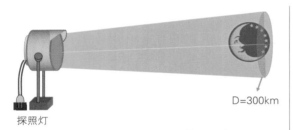

图 1-2　探照灯照射平行度　　　　　　　　　　　图 1-3　激光器照射平行度

如果把强大的激光束积聚起来照射到物体上，能在千分之一秒达到几千万度的高温，使物体瞬间汽化。利用激光的这一特性，可以用激光进行切割、焊接、打孔，激光甚至可以用作武器，这就是激光亮度高的特点。激光切割如图 1-4 所示。

激光的单色性好，激光所发出的光的波长更加单一。香港维多利亚港湾灯光秀中使用的就是激光。此外，激光也应用于精确测距、全息照相等方面。激光的灯光秀示意图如图 1-5 所示。

图1-4　激光切割　　　　　　　　　　　　　　　图1-5　激光的灯光秀示意图

3. 激光的应用

在工业领域，加工手表中的钻石轴承，或在比芝麻还小的钻石上打孔，要求误差值近乎头发丝直径的二十分之一，这无疑是传统机械打孔不可能完成的，但使用激光打孔就简单多了。激光应用于机械加工，具有可对高熔点、高硬度和脆性材料进行加工，热变形、热影响区小，避免杂质污染，可加工复杂图形，切后边缘比较平整、不需要进一步加工等优点。

在医学领域，利用激光束杀死癌变组织，或者用激光束作为手术刀，具有手术创口小、出血少、愈合快等优点。激光还能美容，可利用激光去除皮肤色斑、文身图案等。激光美容手术如图 1-6 所示。近视眼手术也利用了激光技术，激光近视手术如图 1-7 所示。

在生活领域，激光打印机已经得到了广泛的应用，它具有打印质量好、速度快、无噪音的特点。普通家庭安装的光纤网络，利用了激光通信容量大、保密性好、安全可靠等优点。激光打印机如图 1-8 所示。

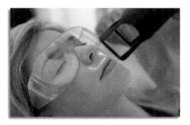
图1-6 激光美容手术

图1-7 激光近视手术

图1-8 激光打印机

在科技领域，科幻片中出现的全息影像技术其实早已实现。

在军事领域，激光束作为定向武器，具有快速、灵活、精准、抗电磁干扰等优点，但是由于容易受到天气影响，至今还未普及。

（三）印章小识

印章，也叫图印，是用作印于文件上表示鉴定或签署的文具。印章的拥有和使用，是世界四大文明古国一个共同的历史文化现象，但在其他三个古国，印章文化慢慢消失在历史长河中，只有中国的印章一直紧密地与政治、经济、军事、法律、宗教、艺术等相结合，并在各个领域发挥着重要的作用。我国自古重视使用印章，在古籍记载中，春秋战国时期印章已经被普遍使用，作为商业交流货物时的凭证。我国现存的古代印章有战国古玺等。从皇帝的玉玺，到衙门的官印，再到个人的私章，都是用来证明身份真实、表示信用的工具。明周公瑾《印说》云："印者何？信也，印从爪何？手持信也，从节何？节表信也。"印章作为身份和信用凭证、行使职权的工具，逐渐演变成诚信的标志。

一般印章都会沾颜料。不沾颜料、印在平面上呈现凹凸效果的称为钢印。印于蜡或火漆上的称为蜡印。

印章由章体、印面组成，章体大多采用石材为料，如青田石、寿山石和昌化石。在明清以前，也有采用金、银、铜、玉、犀角、象牙、竹、木等为材料。

印面一般以古字体（如篆文、金文）和各种图形为主，文字印章如图1-9所示，图形印章如图1-10所示，形制分为阴文和阳文两种。阴刻在印章上图文凹陷，印文中图文为白色，如图1-11所示；阳刻在印章上图文突出，印文中图文通常为红色，如图1-12所示。

图1-9　文字印章　　　　图1-10　图形印章　　　　图1-11　阴文　　　　图1-12　阳文

三 材料、工具、软件和设备

项目材料清单见表1-2。工具、软件和设备清单见表1-3。

表1-2　项目材料清单

名称	尺寸	数量	说明
橡胶	210mm×297mm×2.3mm	1张	卓达激光雕刻用环保橡胶
木方	30mm×30mm×60mm	1个	松木
印泥		1个	
木板	300mm×450mm×3mm	1张	胶合木板
模型专用胶水		1支	德国UHU模型胶
砂纸	210mm×297mm	1张	80目
木蜡油	1L	1桶	透明
刷子		1把	上油用刷子

注：　以上所有材料均可在网上购买。

表 1-3　工具、软件和设备清单

名称	版本 / 型号	附录
LaserMaker	雷宇激光雕刻设备专用配套软件	A
CorelDRAW	X7	A
激光切割雕刻机	雷宇 NOVA35 激光切割雕刻机	B
斜切锯	费斯托 KS 120 滑动式斜切锯	B
曲线锯	费斯托 PS 300 曲线锯	B
带式砂光机	费斯托 CMS BS120 砂光机	B

注: 以上所有设备可在全球 fablab 中使用,中南地区 fablab 湖南机电职业技术学院免费使用(附录 A、附录 B)。

四 创客活动一: 印面设计

□ 环节一: 自由分组

4 人一组,请把小组成员的签名填入表 1-4,并为你们小组取个响亮的名字吧!

表 1-4　分组讨论表

小组名称	
小组成员	

□ 环节二：批判性思维训练

1. 两条街上各有一个超市，同一种水果在这两家超市中的价格差 1 块钱，请问你需要考虑哪些因素才会决定去哪个超市买这种水果？请运用 7W5H 模型来分析吧！ 7W5H 模型训练表格见表 1–5。

表 1–5　7W5H 模型训练表格

提问维度	问题
What	
Where	
Which	
When	
Who	
Whom	
Why	
How	
How Much	
How Many	
How Long	
How Often	

2. 同学们，想象自己是一位设计师，要为他人设计一款姓名印章，运用 7W5H 模型中至少 5 个提问维度进行自我提问，找出人物角色的特点，以便用于印章设计，完成表 1–6。

表 1–6　姓名印章提问训练表格

提问维度	问题

□ 环节三：印章设计

根据环节二的提问结果，请把你设计的姓名印文、章体造型画在表 1–7 中。

表 1–7　印文设计及章体造型表格

印文设计	
章体造型设计	

创客项目一

创客项目二

创客项目三

创客项目四

创客项目五

创客项目六

附　录

□ 活页工单

班级：_____   姓名：_____

项目名称	镌刻你的"名字"——个人小印章	
创客活动一：印面设计	环节一：自由分组	
	环节二：批判性思维训练	
	提问维度	问题
	环节三：印章设计	
	印文设计	
	章体造型设计	
问题及解决		

五 创客活动二：印面雕刻

□ 环节一：印文绘制

1. 输入文字

① 打开 LaserMaker，从左侧工具栏中找到【文本工具】，单击图标 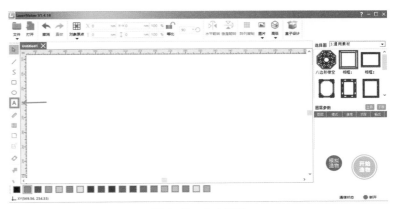，如图 1-13 所示。

图 1-13 文本工具

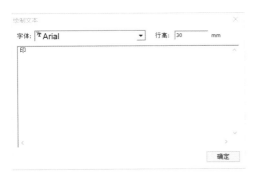

图 1-14 绘制文本

② 双击绘图区域，进入文本编辑模式，在文本编辑框中输入文字，将文字调整到合适高度。因章面大小为 30mm×30mm，所以文字大小不能超过 30mm。单击【字体】下拉列表框，可改变字体，单击确定，如图 1-14 所示。

③ 在绘图区域调整文字，文字字体大小可以通过绘图区上方菜单栏中的尺寸栏，进行长和宽的修改，修改时需打开【等比】缩放锁，如图 1-15 所示。

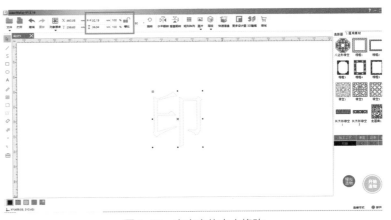

图 1-15 文字字体大小修改

制作小窍门

想输入繁体字，可在百度搜索在线繁体字转换，将转换过的繁体字复制到文本编辑栏中即可，如图 1-16 所示。

图 1-16 输入繁体字

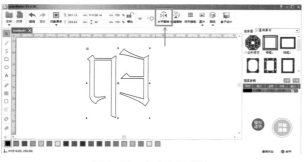

图 1-17 文字水平翻转

④

为保证纸面上印文的视觉方向符合中文读写习惯，在进行激光雕刻时需要在印面上雕刻反方向的文字。选中绘图区文字，在上方菜单栏中单击【水平翻转】，如图 1-17 所示。

制作小窍门

雕刻多个字时，除了将每个字都要水平反转外，请注意文字的摆放位置。思考一下，图 1-18 所示印面，最终得到的印文是什么样子？请画到该图右边的空白处。

图 1-18 多字印面示例

⑤

转变文字图层，单击左侧工具栏【选择工具】，单击选中文字，单击左下方红色图层，将文字放置于红色雕刻图层，此时右侧图层区显示自动从切割转变为雕刻，如图 1-19 所示。

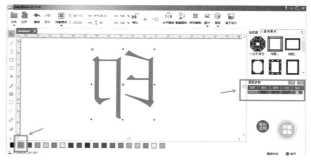

图 1-19 转变文字图层

2. 绘制边框

① 在左侧工具栏中选择【矩形绘制工具】，以对角线两点为准，描绘 30mm × 30mm 的正方形边框，正方形边框的大小仍然通过菜单栏中的尺寸栏进行调节，如图 1-20 所示。

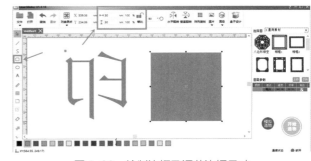

图 1-20　绘制边框及调节边框尺寸

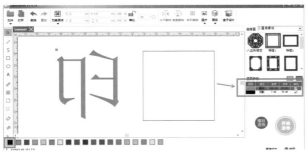

图 1-21　转变正方形边框图层

② 转变正方形边框图层，单击左侧工具栏中的【选择工具】，选中正方形边框，单击左下方黑色图层，将正方形边框放置于黑色图层，此时右侧图层区出现第二个图层: 黑色切割层，如图 1-21 所示。

③ 选中文字，将文字拖入正方形框中，当出现横向和竖向的绿色实线时，文字和边框就对齐了，如图 1-22 所示。

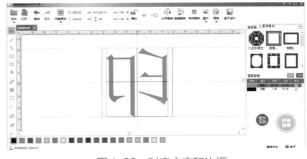

图 1-22　对齐文字和边框

3. 设置参数

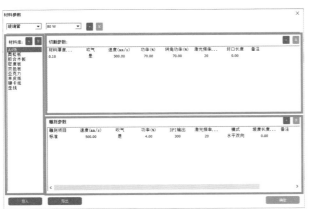

图 1-23　【材料参数】对话框

① 双击右侧图形参数区进行参数修改，在【材料参数】对话框中，左侧材料库中包含了为厂家设置的部分材料，右侧上方为【切割参数】调整区，下方为【雕刻参数】调整区所示，如图 1-23 所示。

② 在材料库中创建橡胶切割和雕刻参数，单击【材料库】左侧的【＋】，输入材料名称：橡胶，如图 1-24 所示。

图 1-24　输入材料名称

③ 添加橡胶雕刻参数，单击雕刻参数右方的【＋】，修改雕刻参数栏中【速度】为 500mm/s，【功率】为 40％，其他参数不变，单击确定，如图 1-25 所示。

图 1-25　添加橡胶雕刻参数

④ 添加橡胶切割参数，单击切割参数右方的【＋】，修改切割参数栏中【材料厚度】为 2.3mm，【速度】为 10mm/s，【功率】为 90％，其他参数不变，单击确定，如图 1-26 所示。

图 1-26　添加橡胶切割参数

⑤

最后分别将印文中文字的雕刻参数和正方形边框切割参数调整好，推荐参数如图 1-27 所示，可根据机器情况进行调整。

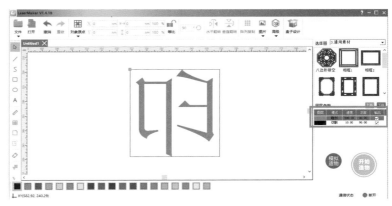

图 1-27　调整文字雕刻参数和正方形边框切割参数

创客项目一

创客项目二

创客项目三

创客项目四

创客项目五

创客项目六

附　录

制作小窍门

1. 在激光切割机运行时，请检查图层顺序，将雕刻图层放在上方，将切割图层放在下方，可通过软件中的【上移】和【下移】进行图层顺序调换。观察激光雕刻机的运行后，请解释一下这么设置的原因吧！

2. 印文有阴文和阳文之分，图 1-28 所制作出来的印面印在图纸上为阴文，阳文印面如何制作呢？在绘图区再绘制一个 30mm × 30mm 的正方形，将该正方形设置为红色雕刻图层，如图 1-28 所示。

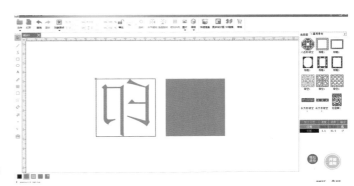

图 1-28　阳文印面制作 1

3. 移动右边雕刻正方形，与左边印章重合对齐，如图 1-29 所示。这样，雕刻后就是阳文印面了。当激光雕刻机运行时，会识别文件颜色，对于颜色深的区域，激光将进行烧蚀，而白色部分予以保留。

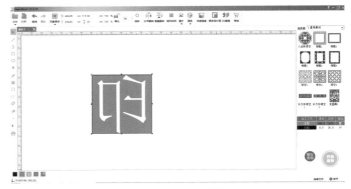

图 1-29　阳文印面制作 2

□ 环节二：对橡胶进行雕刻

1. 调试机器

微课 2
激光雕刻机的操作

① 将橡胶放置在激光雕刻机操作区域，如图 1-30 所示，调节激光头放置于合适位置，用对焦尺对焦。

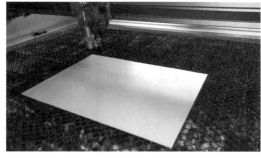

图 1-30　激光雕刻机操作区域

② 保存文件到电脑指定位置，保存后的文件以 .lcp 为后缀。通过计算机 USB 接口连接激光雕刻机，同时在计算机主机上插入保密 USB，如图 1-31 所示。

图 1-31　计算机 USB 接口

③ 此时 LaserMaker 界面中的【开始造物】按钮点亮，单击【开始造物】按钮，如图 1-32 所示。

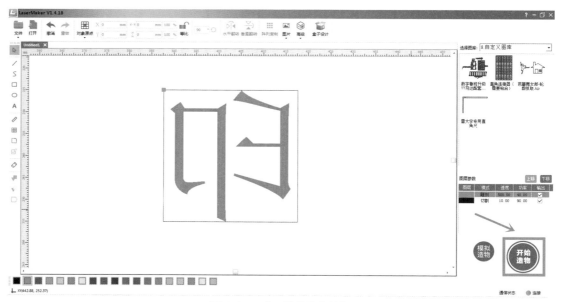

图 1-32　【开始造物】按钮

④

将保存好的文件传至激光雕刻机，软件中将会出现传输进度栏，如图 1-33 所示等待传输完成即可，加载成功后单击【确定】按钮，如图 1-34 所示。

图 1-33　传输进度栏　　　　　　　　　　　　　图 1-34　加载成功

2. 雕刻印面

①

在激光雕刻机界面按下【文件】按钮，打开文件界面，如图 1-35 所示，通过按上下键将光标行移动到需要雕刻的文件，然后按下【确定】按钮，文件即在屏幕上显示。

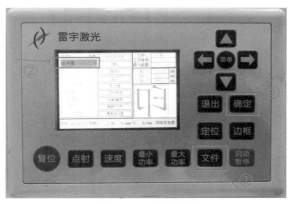

图 1-35　文件界面

②

随后按下【定位】按钮，确定文件位置，单击【边框】，观察激光头移动范围，确定文件边框在雕刻范围内。最后确认雕刻和切割参数是否正确，如图 1-36 所示。确认完毕后，即可按下【启动】按钮。

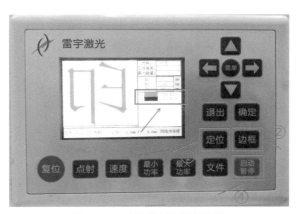

图 1-36　确认雕刻和切割参数

□ 活页工单

班级：_____　　　　　　姓名：_____

项目名称	镌刻你的"名字"——个人小印章	
创客活动二：印面雕刻	环节一：印文绘制	
	输入文字	文字内容：_____ 等比是否打开：□是　□否 文字长度：_____　文字宽度：_____ 是否水平翻转：□是　□否 文字所在图层名称及颜色：_____
	绘制边框	边框大小：_____ 边框所在图层名称及颜色：_____ 边框与文字是否对齐：□是　□否
	设置参数	切割材料名称：_____ 切割材料库是否添加：□是　□否 雕刻功率：_____　雕刻速度：_____ 材料厚度：____切割功率：____切割速度：____ 是否雕刻在前，切割在后：□是　□否 印文雕刻类型：□阴刻　□阳刻
	环节二：对橡胶进行雕刻	
	调试机器	是否对焦：□是　□否 保存文件名称：_____ 文件是否传输成功：□是　□否
	雕刻印面	打开文件是否成功：□是　□否 文件边框是否超出雕刻范围：□是　□否
问题及解决		

六 创客活动三：章体制作

□ 环节一：切割木方和章体造型

1. 切割木方

利用费斯托斜切锯将 30mm×30mm 截面的木方切割成 60mm 每段作为章体，如图 1-37 所示，在切割时请按照安全操作规程进行。也可直接购买尺寸为 30mm×30mm×60mm 的松木方，如图 1-38 所示。切割后如果有毛刺，可用砂纸进行打磨。

图 1-37 切割木方

图 1-38 购买松木方

2. 章体造型

使用费斯托曲线锯、带式砂光机和木工手工工具对松木方进行造型，如图 1-39 所示。章体（除印面外）上木蜡油保护。

图 1-39 对松木方进行造型

□ 环节二：组装及测试

1. 章体、印面组合

使用模型胶水将章体和印面胶合起来。个人姓名印章制作完成，如图 1-40 所示。

2. 产品测试

个人姓名印章制作完成后，请在活页工单上印上印文吧！与你的印文设计是否一致？

图 1-40 个人姓名印章实物图

□ 活页工单

班级：_____　　　　姓名：_____

项目名称	镌刻你的"名字"——个人小印章
活动三：章体制作	环节一：切割木方和章体造型

	切割木方	章体尺寸：_____
	章体造型	章体造型工具：_____ _____

环节二：组装及测试

把你的印章印在下面吧！

问题及解决	

创客项目一

创客项目二

创客项目三

创客项目四

创客项目五

创客项目六

附　录

三七 创客活动四：项目拓展

□ 环节一：印章盒子

制作一个专门的盒子，用于放置印章，可以用尺寸为 3mm 厚的胶合木板为材料，采用激光雕刻制作。

① 单击菜单栏中的【盒子设计】，如图 1-41 所示。

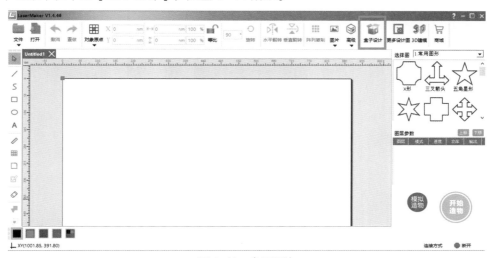

图 1-41　盒子设计

② 在【创建盒子】对话框中设置盒子内部尺寸为宽 30mm，高 30mm，深 60mm，选择材料厚度为 3，如图 1-42 所示。

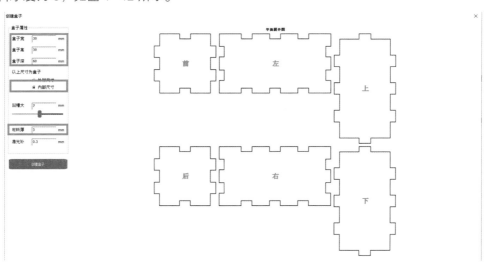

图 1-42　设置盒子内部尺寸

□ 环节二：图形印章

印章除了有文字印面外，还有图形印面，可以选择合适的图片，经处理后再导入 LaserMaker。图片建议选择清晰度较高的黑白图片，或者使用 CorelDRAW 将图片转换为黑白色，也可以手绘黑白图片。

① 打开 CorelDRAW，单击菜单栏中【文件】/【新建】，新建一张 A4 图纸，单击【文件】/【导入】，将选中图片导入 A4 图纸中，如图 1-43 所示。

图 1-43　导入图片

② 选中图片，单击菜单栏中【位图】/【模式】/【黑白】，将导入的图片转换为黑白色，如图 1-44 所示。

图 1-44　将图片转换为黑白色

③ 将文件导出为 jpg 文件，如图 1-45 所示。

图 1-45 导出图片

④ 在 LaserMaker 中打开 jpg 文件，调整图片大小为 30mm × 30mm，图片方向反向，绘制正方形割边框，调整设备切割、雕刻参数，如图 1-46 所示。

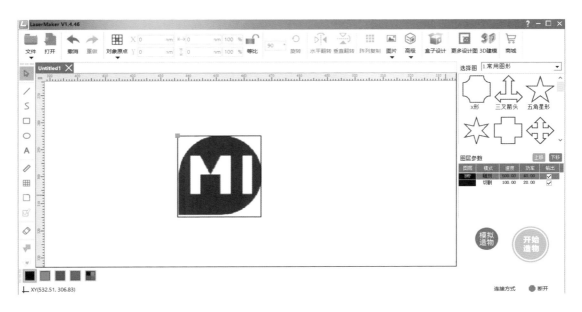

图 1-46 调整切割和雕刻参数

制作小窍门

1. 在制作时根据印文效果来调整图片黑白区域，除图1-46所示效果之外，单击菜单栏中【图片】/【反色】，使得图片黑白区域对调，如图1-47所示。

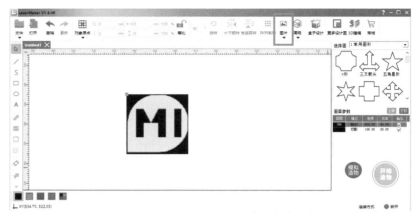

图1-47　图片黑白区域对调

2. 或者可以在CoreIDRAW中直接将图片黑白反色，如图1-48所示，然后再到LaserMaker中处理图片，效果更好。有兴趣的同学请将两幅图片雕刻出来，印在活页工单的对应位置处吧！

图1-48　图片黑白反色

3. 在放置印章的盒子上，可以做一些图形设计，例如，在盒面上加一些喜欢的图案。现在，让我们一起来试一试吧！

□ 活页工单

班级：_____　　　　　　姓名：_____

项目名称	镌刻你的"名字"——个人小印章
创客活动四：项目拓展	环节一：印章盒子
	盒子内部尺寸长：____ 宽：_____ 高：_____ 凹槽大：_____ 材料厚度：_____
	环节二：图形印章
问题及解决	

创客
项目二

我是电子"歌手"——特雷门琴

 ## 学习目标

创客活动一：创造性思维设计活动
· 能用创造性思维指导设计创新活动。
· 培养创造性思维。

创客活动二：特雷门琴的组装
· 能用 Arduino 板对特雷门琴进行组装。
· 能使用 Arduino 软件将程序下载到已经组装好的特雷门琴中。

创客活动三：Arduino 代码设计
· 掌握简单的 Arduino 语言。
· 能调用并修改实例程序。

创客活动四：特雷门琴程序设计与调试
· 能编制特雷门琴程序。
· 能修改特雷门琴程序对产品进行调试。

 ## 建议课时

4 课时

一 项目发布

制作一台简易的特雷门琴，要把电容器、电阻、光电池、扩音器等电子元件与芯片连接在一起，需要耗费数小时。创客空间的数字化工具大大降低了制作的门槛，能帮助同学们快速又便捷地制作出个性化的特雷门琴，甚至能实现批量化生产。

现在让我们一起开始本次项目任务：设计并制作一台简易的特雷门琴。该项目的思维导图如图 2-1 所示。

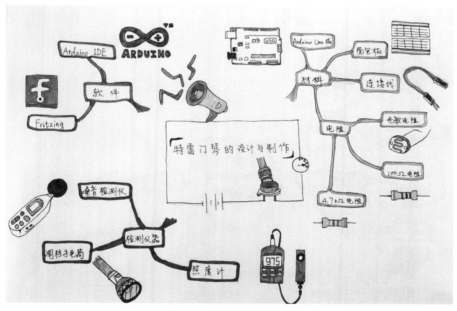

图 2-1　项目二思维导图

二 项目背景

（一）创造性思维

微课 3
创造性思维设计

1. 什么是创造性思维

从狭义上讲，创造性思维是一种具有开创意义的思维活动，即开拓人类认识新领域，开创人类认识新成果的思维活动，它往往表现为发明新技术、形成新观念、提出新方案和决策、创建新理论。从广义上讲，创造性思维不仅表现为做出了完整的新发现和新发明的思维过程，而

创客项目一

创客项目二

创客项目三

创客项目四

创客项目五

创客项目六

附 录

且还表现为在思考的方法和技巧上、在某些局部的结论和见解上具有新奇独到之处的思维活动。创造性思维广泛存在于政治、军事、生产、教育、艺术及科学研究活动中。例如，在创客工作实践中，具有创造性思维的创客们敢于想别人所未想、见别人所未见、做别人所未做的事，敢于突破原有的框架，或是从多种原有规范的交叉处着手，或是反向思考问题，从而取得创造性、突破性的成就。

2. 创造性思维的特征

从创造性思维的含义中可以看出，它具有以下几个特征。

（1）独创性或新颖性　创造性思维贵在创新，它在思路的选择、思考的技巧、思维的结论上，具有一定范围内的首创性、开拓性，即要在前人、常人没有涉足、不敢前往的领域"开垦"出自己的一片天地，而不要在前人、常人已有的成就面前踏步或仿效，不被司空见惯的事物所迷惑。因此，具有创造性思维的人，对事物必须具有浓厚的创新兴趣，在实际活动中善于超出思维常规，对"完善"的事物、平稳有序发展的事物进行重新认识，以求新的发现，这种发现就是一种独创，一种新的见解、发明和突破。

案例一：年轻女职员的创造性思维

有一天，某味精公司的老板向全体职工宣布：为了使本公司的味精销量上升，每个人都必须在近期提出一个以上的设想。因此，营业部、宣传部、制造部门等各部门，纷纷开始设想各种"花招"，包括"附奖""赠送"等吸引人的广告，甚至改装味精的容器形状。该公司一位年轻女职员非常烦恼，因为规定的期限已经到了，她仍然没有一个好主意。一天她在家里吃晚饭，和往常一样，她拿起装海苔香料的罐子，但因为受潮，香料把洞口塞住了，倒不出来，于是，她用牙签把洞口弄大些，问题立刻解决了。此时，她的灵感来了，她想到可以把味精的内盖洞口加大，如果人们不加注意，就觉得使用起来还像平常一样，这样无意之中增加了味精的使用量。创造性思维示意图如图 2-2 所示。

结果，这位年轻女职员的设想被审查人员核定，投放市场后，味精销量果真上升，女职员因而得到了公司的奖励。

图 2-2　创造性思维示意图

（2）灵活性　创造性思维并无现成的思维方法和程序可循，所以它的方式、方法、程序、途径等都没有固定的框架。进行创造性思维活动的人在考虑问题时可以迅速地从一个思路转向另一个思路，从一种意境进入另一种意境，从一个视角转化成另外一种视角，多方位地试探解决问题的办法，这样，创造性思维活动就表现出不同的结果或不同的方法、技巧。

案例二：亚默尔的成功之路

亿万富翁——亚默尔肉食品加工公司的创始人菲利普·亚默尔 17 岁的时候，有人在加利福尼亚发现了大金矿。于是人们蜂拥而至，包括亚默尔在内，企图掘金一夜暴富。为了实现"黄金梦"，燥热的矿场上到处都是挥汗如雨的采矿者。太阳火辣辣地烤着，水在这里成了最宝贵的宝贝，矿工们渴得难以忍受，于是有人说："如果有谁马上给我痛饮一顿凉水，我送他两块金元！""花一块金元买一壶凉水，我也干！"

人们太需要水了，水就是金子，卖水照样能换回金子，何不去难求易地赚钱呢？于是亚默尔放弃了采金，而是挖了一条水渠，把附近清澈的河水引了过来，装成一壶一壶水，拉到矿场上去卖。于是亚默尔靠卖水发了大财，迈上了成功之路。

案例三：周总理巧妙回答记者问

曾经，一位外国记者问周恩来总理："中国银行有多少钱？"面对这一不友好的询问，若从正面回答，无论怎样都不会产生良好的效果。只见周总理坦然地笑着说："中国银行共有拾捌元捌角捌分钱。人民币是中央人民政府发行的货币，具有极高的信誉。"

在场的中外人士经过短暂的惊讶而反应过来之后，立即钦佩地报以热烈的掌声。因为当时流通的人民币共有十种面值，即拾元、伍元、贰元、壹元、伍角、贰角、壹角、伍分、贰分和壹分，他们加起来的总和正是"拾捌元捌角捌分钱"，第二套人民币面值如图2-3所示。外国记者本意是想让总理说中国银行里没有多少钱，进而产生尴尬局面。但周总理灵活地变换视角回答，可谓语惊四座。这种出神入化的思维既无懈可击，又极大地维护了中国金融的威信。

图2-3　第二套人民币面值

（3）程序的非逻辑性或跳跃性　创造性思维往往是在超出逻辑思维、出人意料、违反常规的情形下出现的，它可能并不严密或暂时说不出什么道理，因此创造性思维的产生常常省略了逻辑推理的许多中间环节，具有跳跃性。

案例四：爱迪生巧用肥皂确定鱼雷形状

鱼雷最初是由罗伯特·怀特黑德于1866年发明的。在1914—1918年期间，处于发展中期的德国传统鱼雷共击沉总吨位达1200万吨的协约国商船，险些为德国赢得海战的胜利。当时美国的鱼雷速度不高，德国军舰发现只需改变航向就能避开美国鱼雷的袭击，因而美国鱼雷的命中率极低，军方也想不出改进的方法。

于是美国军方去找爱迪生，爱迪生既未作任何调查，也未经任何计算，当即提出一种别人意想不到的办法：要研究人员做一块鱼雷那么大的肥皂，由军舰在海中拖行若干天；由于水的阻力作用，肥皂变成了流线；然后按肥皂的形状制造鱼雷，果然收到奇效，鱼雷外形如图2-4所示。

图2-4　鱼雷

（4）内容的综合性　创造性活动一般是在前人的成果的基础上进行的，必须综合利用他人的思维成果。科学技术发展史一再表明，谁能高度综合利用前人的思维成果，谁就能取胜，就能取得更多突破，做出更多贡献。正所谓"温故而创新"，在技术领域，由"综合"而结出的硕果更是到处可见。所以，创造性思维表现为内容的综合性。

案例五：记者发明坦克

第一次世界大战时，有一名叫斯文顿的英国记者随军去前线采访。他亲眼看见英法联军向德军的阵地发动攻击时，被德国士兵用密集的排枪成片地扫倒。

斯文顿非常痛心。他清醒地看到，肉体是挡不住子弹的。冥思苦想之后，他向指挥官们建议用铁皮将福斯特公司生产的履带式拖拉机包装起来，留出适当的枪眼让士兵向外射击，然后让士兵们乘坐它冲向敌军。

图 2-5　坦克

他的建议很快被海军司令丘吉尔采纳。履带式拖拉机穿上"盔甲"之后径直冲向敌人，英法士兵的伤亡大大减少，德国人兵败如山倒。履带式拖拉机与枪炮的组合，即后来的坦克，为英法联军战胜德军立下了汗马功劳，成为第一次世界大战中最有影响力的发明之一，坦克外形如图 2-5 所示。

3. 创造性思维的表现形式

创造性思维的重要诀窍在于多角度、多侧面、多方向地看待和处理事物、问题和过程。具体地表现在以下几个方面。

（1）理论思维　理论一般可理解为原理的体系，是系统化的理性认识。理论思维是指使理性认识系统化的思维形式。这种思维形式在实践中应用很多，如系统工程就是运用系统理论思维来处理一个系统内和各个有关问题的一种管理方法。把握创新规律，就要认真研究理论思维活动的规律，特别是创造性理论思维的规律。

（2）多向思维　多向思维也叫发散思维、辐射思维或扩散思维，是指在对某一问题或事物的思考过程中，不拘泥于一点或一条线索，而是从仅有的信息中尽可能地向多方向扩展，不受已经确定的方式、方法、规则和范围等的约束，并且从这种扩散的思考中求得常规的和非常规的多种设想的思维。

案例六：不种西瓜，种冬瓜

北京郊区的一位农民参加了西瓜种植培训班，学习后第一年他也跟大家一样种西瓜。很快，市场上的西瓜就多了起来，以至于西瓜的价格不但上不去，反而低得和冬瓜的价格差不多。

于是他想：难道我学了种西瓜的办法就只能种西瓜，不能把学的办法用到种冬瓜上去吗？冬瓜和西瓜的价格差不多呀！

结果，第二年，他成了"冬瓜大王"。

（3）逆向思维　哲学研究表明，任何事物都包括对立的两个方面，这两个方面又相互依存于一个统一体中。人们在认识事物的过程中，实际上是同时与其正反两个方面打交道的，只不过由于日常生活中人们往往养成一种习惯性思维方式，即只看其中的一方面，而忽视另一方面。如果逆转一下正常的思路，从反面想问题，便可能得出一些创新性的设想。

（4）联想思维　联想思维是指由某一事物联想到另一种事物而产生认识的心理过程，即由所感知或所思的事物、概念或现象的刺激而想到其他与之有关的事物、概念或现象的思维过程。联想思维主要有相近联想、相似联想、相反联想。

案例七：机枪播种机

众所周知，机枪是打仗用的，播种机是种庄稼用的，两件东西原本是风马牛不相及的。但偏偏美国加利亚一名生物学家就将机枪与播种机联系在一起，发明了机枪播种机，如图 2-6 所示。这一方法配合飞机播种使用，将"种子子弹"射入了土地，有效地解决了单纯飞机播种只能把种子撒在泥土表面的缺点。

图 2-6　机枪播种机

（二）神奇的 Arduino

1. 什么是 Arduino

Arduino 自 2005 年推出以来便广受好评，如今已成为最热门的开源硬件之一，什么是 Arduino 呢？我们先来看看几个基于 Arduino 开发的项目。

ArduPilot 是基于 Arduino 开发的无人机控制系统，是目前最强大的基于惯性导航的开源飞行控制器之一，集成了陀螺仪、加速度传感器、电子罗盘传感器、大气传感器和 GPS 等部件。使用 ArduPilot 制作的飞行器如图 2-7 所示。

MakerBot 是一款使用基于 Arduino Mega 作为主控制器的 3D 打印机，Arduino 负责解读 G 代码，并驱动步进电动机和打印喷头等部件打印 3D 物体。MakerBot 3D 打印机如图 2-8 所示。

图 2-7　使用 ArduPilot 制作的飞行器

图 2-8　MakerBot 3D 打印机

Arduino 不仅是一块小小的电路板，还是一个开放的电子开发平台，它既包含了硬件——电路板，也包含了软件——开发环境和许多开发者、使用者创造的代码、程序。

Arduino 抛开了传统硬件开发的复杂操作，不需要了解硬件的内部结构和寄存器设置，也不需要过多的电子知识和编程知识，而只需要通过简单的学习，了解各个引脚和函数的作用，便可利用它开发出各种出色的项目。

2. Arduino 硬件

Arduino UNO 是目前使用最广泛的 Arduino 控制器，具有 Arduino 所有的功能。Arduino UNO 解析图如图 2-9 所示。

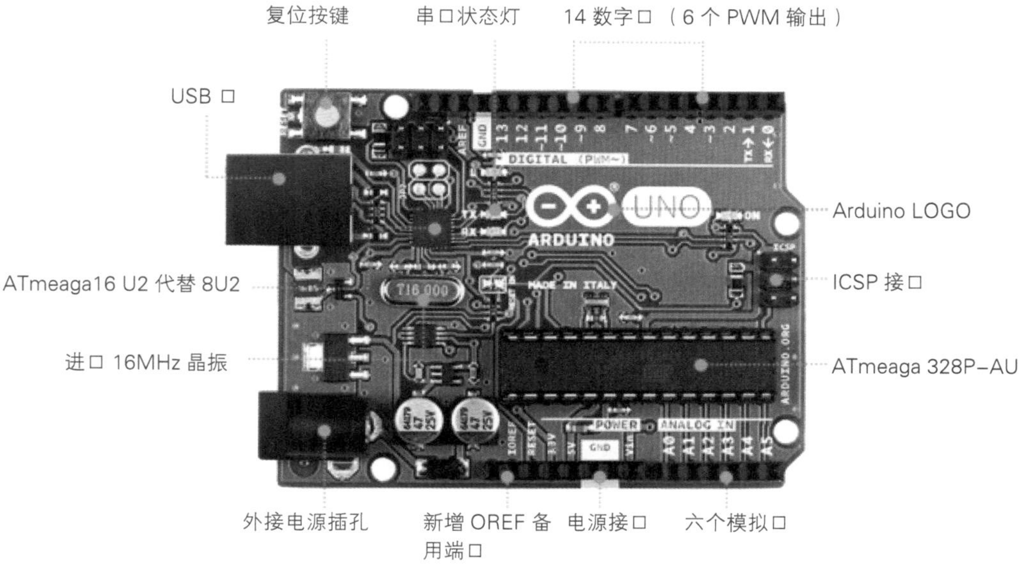

创客项目一

创客项目二

创客项目三

创客项目四

创客项目五

创客项目六

附　录

复位按键　　串口状态灯　　14 数字口 （6 个 PWM 输出）

USB 口

ATmeaga16 U2 代替 8U2

进口 16MHz 晶振

外接电源插孔　　新增 OREF 备　电源接口　　六个模拟口
　　　　　　　　用端口

Arduino LOGO

ICSP 接口

ATmeaga 328P-AU

图 2-9　Arduino UNO 解析图

（1）电源　Arduino UNO 有三种供电方式：

①通过 USB 接口供电，电压 5V。

②通过 DC 电源输入接口供电，电压要求 7~12V。

③通过电源接口处 5V 或 VIN 端口供电，5V 端口供电必须为 5V，VIN 端口处供电为 7~12V。

（2）指示灯　Arduino UNO 有 4 个指示灯，作用分别是：

① ON，电源指示灯。当 Arduino UNO 通电时，ON 灯会点亮。

② TX，串口发送指示灯。当使用 USB 连接到计算机且 Arduino 向计算机传输数据时，TX 灯会点亮。

③ RX，串口接收指示灯。当使用 USB 连接到计算机且 Arduino 接收到计算机传来的数据时，RX 灯会点亮。

④ L，可编程控制指示灯。该 LED 通过特殊电路连接到 Arduino 的 13 号引脚，当 13 号引脚为高电平或高阻态时，该 LED 会点亮，当为低电平时，不会点亮，因此可以通过程序或者外部输入信号来控制该 LED 的亮灭。

（3）复位按键　按下该按钮可以使 Arduino 重新启动，从头开始运行程序。

（4）输入 / 输出端口　如图 2-9 所示，Arduino 有 14 个数字输入 / 输出端口，6 个模拟输入端口，其中一些带有特殊功能，这些端口如下：

① UART 通信，为 0（RX）和 1（TX）引脚，被用于接收和发送串口数据，这两个引脚通过连接到 ATmega16U2 来与计算机进行串口通信。

②外部中断，为 2 和 3 引脚，可以输入外部中断信号。

③ PWM 输出，为 3.5、6、9、10 和 11 引脚，可以用于输出 PWM 波。

④ SPI 通信，为 10（SS）、11（MOSI）、12（MISO）和 13（SCK）引脚，用于 SPI 通信。

⑤ TWI 通信，为 A4（SDA）、A5（SCL）引脚和 TWI 接口，可用于 TWI 通信，兼容 IIC 通信。

⑥ AREF，模拟输入参考电压的输入端口。

Arduino UNO 更多的信息可以在 https：//store.arduino.cc/usa/arduino-uno-rev3 上下载。

3. Arduino 软件

在开始使用 Arduino 之前，需要在计算机上安装 Arduino 的集成开发环境（简称 IDE），可以在 https：//www.arduino.cc/en/Main/Software 网址下载各个版本。按照提示对软件进行安装。Arduino IDE 下载页面如图 2-10 所示。

Download the Arduino IDE

图 2-10　Arduino IDE 下载页面

进入 Arduino IDE 之后，进入了如图 2-11 所示的界面，工具栏上有几个常用的快捷键：

校验（Verify），验证程序是否编写无误，如果无误则编译该项目。

下载（Upload），下载程序到 Arduino 控制器上。

新建（New），新建一个项目。

打开（Open），打开一个项目。

保存（Save），保存当前项目。

代码编辑区

图 2-11　Arduino IDE 界面解析

（三）特雷门琴小知识

1. 特雷门琴介绍

特雷门琴（见图 2-12）是世界第一件电子乐器，由苏联物理学家利夫·特尔门 (Lev Termen) 教授于 1919 年发明。其原理是利用两个感应人体与大地的分布电容的 LC 振荡器工作单元分别产生震荡的频率与大小变化而工作，是世上唯一不需要身体接触的电子乐器。其中，圆形天线是用来调节音量的，手越靠近，声音越小。垂直的天线用来调节频率，手越靠近，音调越高。演奏的关键是了解双手的位置与所发出的音符之间的关系。

2. 光敏电阻

光敏电阻是一种特殊的电阻，简称光电阻，是利用半导体的光电导效应制成的一种电阻值随入射光的强弱而改变的电阻器，又称为光电导探测器或光导管，如图 2-13 所示。它的电阻值和光线的强弱有直接关系，光强度增加，则电阻减小；光强度减小，则电阻增大。这是由于光照产生的载流子都参与导电，在外加电场的作用下作漂移运动，电子奔向电源的正极，空穴奔向电源的负极，从而使光敏电阻器的阻值迅速下降。

光敏电阻的工作原理基于内光电效应。当光敏电阻受到一定波长范围的光照时，它的阻值

图 2-12 特雷门琴

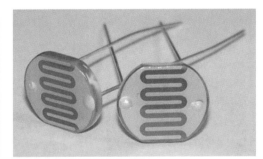

图 2-13 光敏电阻

（亮电阻）急剧减少，电路中电流迅速增大。一般希望暗电阻越大越好，亮电阻越小越好，此时光敏电阻的灵敏度高。实际光敏电阻的暗电阻值一般在兆欧级，亮电阻在几千欧以下。

图 2-14 为光敏电阻的工作原理。光敏电阻是涂于玻璃底板上的一薄层半导体物质，半导体的两端装有金属电极，金属电极与引出线端相连接，光敏电阻就通过引出线端接入电路。为了防止周围介质的影响，半导体光敏层上覆盖了一层漆膜，漆膜的成分应使它在光敏层最敏感的波长范围内透射率最大。

在黑暗的环境下，光敏电阻的阻值很高。当光敏电阻受到光照并且光辐射能量足够大时，价带中的电子吸收光子能量后跃迁到导带，成为自由电子，

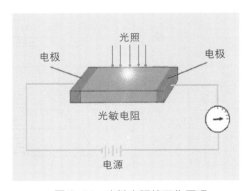

图 2-14 光敏电阻的工作原理

同时产生空穴，电子—空穴对的出现使电阻率变小。光照愈强，光生电子—空穴对就越多，阻值就愈低。当光敏电阻两端加上电压后，流过光敏电阻的电流随光照增大而增大。入射光消失，电子—空穴对逐渐复合，电阻也逐渐恢复原值，电流也逐渐减小。

光敏电阻属于半导体光敏器件，除了具有灵敏度高、反应速度快等特点，在高温、多湿的恶劣环境下，还能保持高度的稳定性和可靠性，可广泛应用于照相机、太阳能庭院灯、草坪灯、验钞机、石英钟、光控玩具、光控灯具等光自动开关控制领域。

三 材料、工具、软件和设备

项目材料清单见表 2-1。工具、软件和设备清单见表 2-2。

表 2-1 项目材料清单

名称	数量	备注
Arduino UNO 板	1 块	可以用 Genuino 板
8Ω 扬声器	1 个	如果采用工况，效果会更明显
光敏电阻	1 个	
100Ω 电阻	1 个	
4.7kΩ 电阻	1 个	
面包板连接线	7 根	或杜邦线
面包板	1 个	透明

注：以上所有材料均可在网上购买。

创客项目一

创客项目二

创客项目三

创客项目四

创客项目五

创客项目六

附　录

表 2-2　工具、软件和设备清单

名称	版本 / 型号	附录
Arduino	Arduino 配套软件，使用 1.8.10 版本	A
万用表	南京天宇 MF47T 高精度指针式	
照度计	泰仕数字式照度计 TES-1330A（测量范围 0~20000lx）	
噪声检测仪	华盛昌 DT-805	
调档手电筒		

注：以上所有设备可在全球 fablab 中使用，中南地区 fablab 湖南机电职业技术学院免费使用（附录 A、
　　附录 B）。

（四）创客活动一：创造性思维设计活动

思维训练活动一：24 个人排成 6 列，要求每 5 个人为一列，请问该怎么排列好呢？
请同学们边思考，边填写活页工单。

思维训练活动二：给你 6 根火柴，怎样拼成 4 个三角形？
请同学们边思考，边填写活页工单。

思维训练活动三：钢笔——星星，他们之间怎样发生联系？
请同学们边思考，边填写活页工单。

思维训练活动四：光——音乐，他们之间怎样发生联系？
请同学们边思考，边填写活页工单。

□ 活页工单

班级：_____　　　　　　姓名：_____

项目名称	我是电子"歌手"——特雷门琴
创客活动一：创造性思维设计活动	24 个人排成 6 列，要求每 5 个人为一列，请问该怎么排列好呢？
	给你 6 根火柴，怎样拼成 4 个三角形？
	钢笔——星星，他们之间怎样发生联系？
	光——音乐，他们之间怎样发生联系？
问题及解决	

创客项目一

创客项目二

创客项目三

创客项目四

创客项目五

创客项目六

附　录

五 创客活动二：特雷门琴的组装

□ 环节一：自由分组

4 人为一小组，请把小组成员的签名填入表 2–3，并为小组取一个响亮的名字吧！

表 2–3　分组讨论表

小组名称	
小组成员	

□ 环节二：特雷门琴原理图绘制

表 2–4、表 2–5 为特雷门琴中 Arduino UNO 与其电子元件端口连接情况，请同学们根据端口连接情况把特雷门琴的原理绘制在表 2–6 中。

表 2–4　光敏电阻与 Arduino UNO 接线对照表

光敏电阻	电阻	Arduino UNO R3
正极		5V
负极	4.7kΩ	GND
负极		A0

表 2–5　扬声器与 Arduino UNO 接线对照表

8Ω 扬声器	电阻	Arduino UNO R3
正极	100Ω	D9
负极		GND

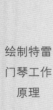

表 2-6　特雷门琴工作原理绘图

绘制特雷 门琴工作 原理	

微课 4
特雷门琴的制作

□ 环节三：接入光敏电阻和扬声器

1. 光敏电阻接入

根据图 2-15 所示的光敏电阻接入连接图，连接电子元件。Arduino 板 5V 连接口与面包板的正极相连，面包板的正极连接光敏电阻，光敏电阻一端连接在 Arduino 板的 A0 口，另外一端连接 4.7kΩ 电阻，4.7kΩ 电阻与 Arduino 板的 GND 口连接。光敏电阻接入的实物图如 2-16 所示。

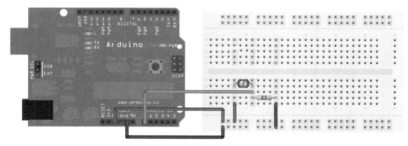

图 2-15　光敏电阻接入连接图

图 2-16　光敏电阻接入实物图

1. 图2-17中，面包板上有很多小插孔，每一行小孔都是相通的，行与行小孔是不相通的，在光敏电阻、
   4.7KΩ电阻连接过程中，选择哪行小孔进行连接，应根据所提供元件的实际情况。
2. 光敏电阻和4.7KΩ电阻在接入电路的时候，无正负极之分。

2. 扬声器接入

Arduino板9号引脚与100Ω电阻相连，100Ω电阻与扬声器的正极接口相连，扬声器的
负极接口与Arduino板的GND口连接。扬声器接入连接图和实物图分别如图2-17、图2-18
所示。

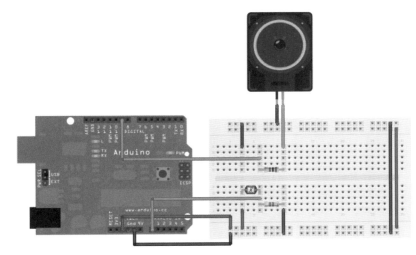

图2-17　扬声器接入连接图

图2-18　扬声器接入实物图

在安装扬声器的过程中，一定得注意扬声器的正极和负极，扬声器元件上标明的"＋"表示正极，"－"
表示负极。

□ 环节四：特雷门琴程序的下载

1. 程序的校验

① 打开 Arduino 软件，通过键盘输入程序，如图 2-19 所示。

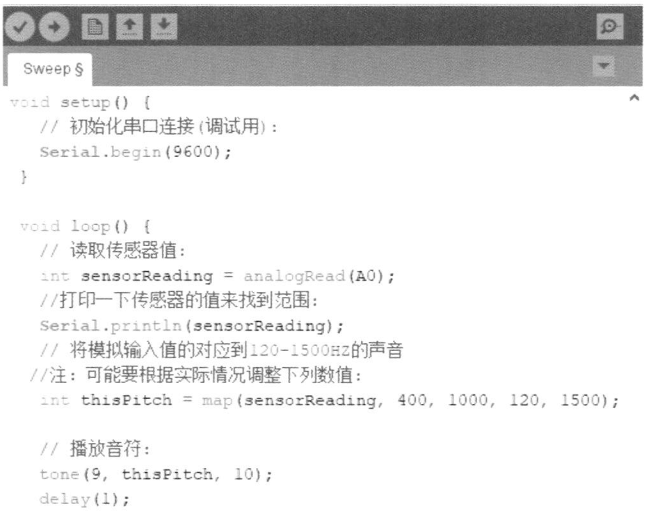

```
void setup() {
  // 初始化串口连接（调试用）：
  Serial.begin(9600);
}

void loop() {
  // 读取传感器值：
  int sensorReading = analogRead(A0);
  //打印一下传感器的值来找到范围：
  Serial.println(sensorReading);
  // 将模拟输入值的对应到120-1500HZ的声音
  //注：可能要根据实际情况调整下列数值：
  int thisPitch = map(sensorReading, 400, 1000, 120, 1500);

  // 播放音符：
  tone(9, thisPitch, 10);
  delay(1);
```

图 2-19 输入程序

② 单击工具栏上的 ✔ 按钮，对程序进行校验，校验成功方可以对校验后的程序上传，校验有错误的，根据提示修改。图 2-20 为特雷门琴程序的校验过程。

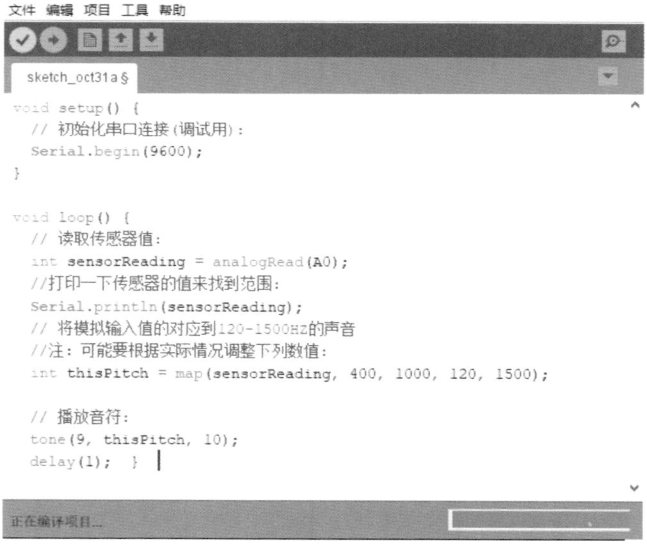

文件 编辑 项目 工具 帮助

```
void setup() {
  // 初始化串口连接（调试用）：
  Serial.begin(9600);
}

void loop() {
  // 读取传感器值：
  int sensorReading = analogRead(A0);
  //打印一下传感器的值来找到范围：
  Serial.println(sensorReading);
  // 将模拟输入值的对应到120-1500HZ的声音
  //注：可能要根据实际情况调整下列数值：
  int thisPitch = map(sensorReading, 400, 1000, 120, 1500);

  // 播放音符：
  tone(9, thisPitch, 10);
  delay(1);  }
```

正在编译项目...

图 2-20 校验程序

制作小窍门

对于刚刚接触 Arduino 软件的新手来说，在程序的校验过程中经常会出现一些问题。例如，软件会提示问题出现在哪一行，同时，在调试提示区会有问题提示，根据提示修改程序即可。

2. 程序的下载

① 使用数据线，一端连接计算机，另外一端与 Arduino 板的 USB 接口连接，如图 2-21 所示。

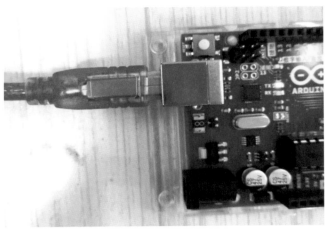

图 2-21　使用数据线连接

② 单击工具栏上的 按钮，下载程序到 Arduino 控制器上，在图 2-22 中，程序正在下载中。

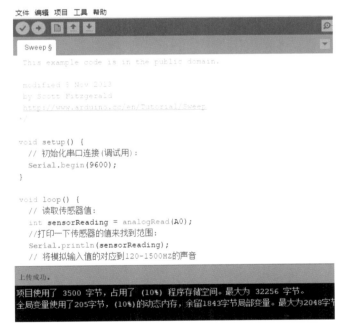

图 2-22　下载程序

□ 环节五：记录数据

　　用照度计测量手电筒每档的光照强度，用不同挡位的手电筒（距离光敏电阻 20cm）垂直照射光照射光敏电阻，在距离扬声器 10cm 的地方用噪声检测仪检测，记录不同光照强度下的特雷门琴音量值。

　　请同学们边进行试验，边填写活页工单。

创客项目一
创客项目二
创客项目三
创客项目四
创客项目五
创客项目六
附录

□ 活页工单

班级：_____　　　　姓名：_____

项目名称	我是电子"歌手"——特雷门琴
创客活动二： 特雷门琴的组装	环节一：自由分组
	环节二：特雷门琴原理图绘制
	环节三：接入光敏电阻和扬声器
	光敏电阻与 Arduino 板的哪个 □ 相连：□ A0　□ A1 4.7kΩ 电阻与 Arduino 板的哪个 □ 相连：□ GND　□ 5V 100Ω 电阻与 Arduino 板的哪个 □ 相连：□ D9　□ D8 扬声器的正极连接：□ 100Ω 电阻　□ Arduino 板 GND □ 扬声器的负极连接：□ 100Ω 电阻　□ Arduino 板 GND □ 是否按照步骤完成特雷门琴组装：□是　□否
	环节四：特雷门琴程序的下载
	特雷门琴程序是否显示编译完成：□是　□否 装上电池或数据线连上计算机指示灯是否正常亮起：□是　□否 特雷门琴程序的下载是否正常：□是　□否
	环节五：记录数据

	光照强度 /lx	音量 /dB	备注
第一档			
第二档			
第三档			
第四档			

问题及解决	

创客项目一
创客项目二
创客项目三
创客项目四
创客项目五
创客项目六
附录

六 创客活动三：Arduino 代码设计

环节一：分析 Arduino 代码程序

案例：控制 LED 灯闪烁，闪烁时间间隔为 1 秒。以下是控制 LED 灯持续闪烁的 Arduino 程序。

```
//Example 01： Blinking LED
#define LED 13              // 定义 LED 引脚为 13
void setup()
{
pinMode(LED，OUTPUT)；       // 设置 LED 引脚为输出模式
}
void loop()
{
 digitalWrite(LED，HIGH)；       // 设定 LED 灯开启
 delay(1000)；             // 持续 1 秒
digitalWrite(LED，LOW)；        // 设定 LED 灯关闭
 delay(1000)；             // 持续 1 秒
}
```

在写程序的时候，通常使用大括号"{"和"}"将一组动作（几行代码）包起来。上述程序中，有两段是由"{"和"}"包起来的，而其前方会有一个命令用来表示这段程序的名称，如 void setup()，其中 setup 是这组动作的名称。这个动作的开始执行点在左括号之后，一直执行到右括号结束。

Arduino 程序包含两个函数——setup() 和 loop()，setup() 函数中所写的程序只会在程序的最开始执行一次，而 loop() 函数中的代码会一遍遍重复执行，Arduino 程序不允许同时执行多个函数，也没有退出或关闭程序的功能，整个程序的开始和停止取决于 Arduino 芯片的电源开启和关闭。

开头带有"//"的代码都会被 Arduino 忽略，"//"用于解释说明代码的具体意思，这对想要了解程序代码的人是相当有帮助的，上述程序中的 //Example 01： Blinking LED 看似没有意义，但如果程序有成百上千个小程序，开头的小注释对于分清程序的功能非常有用。

在程序语言中使用 #define 功能，可以将一个数值定义成常数，如"#define LED 13// 定义 LED 引脚为 13"，在这里它的用处是：此后的代码可以用 LED 这个名称来取代 13 这个整数，这样可以提高程序的易读性。

在"pinMode(LED，OUTPUT)；// 设置 LED 引脚为输出模式"中，LED 代表第 13 号引脚，OUTPUT 代表输出，INPUT 代表输入。

在"digitalWrite(LED，HIGH)；//设定 LED 灯开启"中，HIGH 表示为将输出状态改变成"开"，LOW 表示将输出状态改变成"关"。

在"delay(1000)；// 持续 1 秒"中，函数 delay() 是指持续某一个动作不变，函数中的参数是以毫秒为单位的，1000 毫秒等于 1 秒，所以这行的意思是要 LED 灯持续开启 1 秒钟。

总结一下，上述程序做了下面这些事：

◆ 改变数字引脚 13 位输出。

◆ 进入 loop（循环程序）。

◆ 将连接第 13 号引脚的 LED 灯设为开启。

◆ 保持开启状态 1 秒。

◆ 将连接第 13 号引脚的 LED 灯设为关闭。

◆ 保持关闭状态 1 秒。

◆ 再次进入 loop 的第一行。

注：在 Arduino 程序语言中，除了 #define 定义关键字之外，每行行尾都会有一个结束符号"；"，这是为了让 Arduino 编译器知道这行代码指令结束了，除了 #define 之外，请记住每一行程序结尾都使用了结束符来完成输入。

练习一：用按钮来控制 LED 闪烁的代码，请在表 2-7 中把每一行代码表示的意思写在代码后面。

表 2-7 LED 代码练习

LED 闪烁代码练习	#define LED 13	// 定义 LED 引脚为 13
	#define BUTTON 7	// 定义 BUTTON 引脚为 7
	int val = 0;	// 给变量 val 取名，并赋值为 0
	void setup()	
	{ pinMode(LED，OUTPUT);	
	pinMode(BUTTON，INPUT); }	
	void loop() { val = digitalRead(BUTTON);	
	if (val==HIGH) 　{	
	digitalWrite(LED，HIGH);	
	delay(1000);	
	}else {	
	digitalWrite(LED，LOW);	
	delay(1000);	
	}	
	}	

创客项目一

创客项目二

创客项目三

创客项目四

创客项目五

创客项目六

附　录

练习二：控制 LED 灯闪烁，发出 S.O.S 国际莫尔斯电码救难信号，以下是其 Arduino 程序，请把每一行代码表示的意思写在代码后面，完成表 2–8。

表 2–8　LED 灯 S.O.S 国际莫尔斯电码救难信号练习

控制 LED 灯 S.O.S 国际莫尔斯电码救难信号	#define LED 10	// 定义 LED 引脚为 10
	void setup()	

	{
	pinMode(LED，OUTPUT)；
	}	

	void loop() {	
	for (int x=0； x<3； x++) {	
	digitalWrite(LED，HIGH)；	
	delay(150)；	
	digitalWrite(LED，LOW)；	
	delay(100)； }	
	delay(100)；	
	for (int x=0； x<3； x++) {	
	digitalWrite(LED，HIGH)；	
	delay(400)；	
	digitalWrite(LED，LOW)；	
	delay(100)； }	
	delay(100)；	
	for (int x=0； x<3； x++) {	
	digitalWrite(LED，HIGH)；	
	delay(150)；	
	digitalWrite(LED，LOW)；	
	delay(100)； }	
	delay(5000)； }	

这段程序代码，大部分的代码与案例一中一致，这段最核心的代码使用了 for 循环语句，下面来讲解这个 for 循环语句。

```
for (int x=0； x<3； x++)
{
 digitalWrite(LED，HIGH)；   //LED 灯开
 delay(150)；              // 延时 150 毫秒
 digitalWrite(LED，LOW)；    //LED 灯关
 delay(100)；              // 延时 100 毫秒
 }
```

这段程序在运行时，灯闪烁了不是 1 次，而是 3 次，产生这样的原因是使用了 for 循环。这个语句使代码段中的代码执行 3 次，这里需要传递 3 个参数给 for 循环，它们是最初始化变量、条件和增量。初始化变量在 for 循环中最开始执行，每次循环都要检验条件，如果条件为真，执行语句块，即对变量进行增加，之后，再次判断，当条件为假时，循环终止。

在这个例子中，设置变量为 x，最初始变量为 0（int x=0），之后设置了一个条件来决定在循环中代码要循环的次数（x<3），小于 3 的整数有 0，1，2 三个数，所以代码执行 3 次。

将 for 循环语句初始化 x 的值设为 0，运行代码块中的代码（for 后花括号中的代码），之后，变量递增（x 加 1），代码块最后检查是否符合条件，条件是 x 小于 3。如果条件符合，则重复执行。

□ 环节二：调用与修改 Arduino 软件中成熟的代码程序

Arduino 软件中有几百个成熟的代码程序，这些成熟的代码是可以直接调用的，也可以对这些代码程序进行修改，从而达到要求的效果。代码程序的调用是在【文件】/【实例】中。下面这个代码程序用于控制电动机的转动，正转角度范围是 0°～180°，反转角度范围是180°～0°，请把每一行代码表示的意思写在代码后面，完成表 2-9。

表 2-9　电动机转动代码练习一

电动机转动代码练习一	`#include <Servo.h>`
	`Servo myservo；`
	`int pos = 0；`	

	`void setup() {`
	`  myservo.attach(9)；`
	`}`	

	`void loop() {` `  for (pos = 0； pos <= 180； pos += 1) {`	

电动机转动代码练习一	myservo.write(pos);	
	delay(15); }	
	for (pos = 180; pos >= 0; pos = −1) {	
	myservo.write(pos);	

	delay(15);
	   }
	 }	

修改上述代码程序，使得电动机转动角度为 90°，并且转动 90° 后停留时间是 0.05 秒，转动过程中的速度加快一倍，请把修改后的程序填入表 2-10 中。

表 2-10　电动机转动代码练习二

电动机转动代码练习二	

□ 活页工单

班级：_____　　　　　姓名：_____

项目名称	我是电子"歌手"——特雷门琴
创客活动三： Arduino 代码设计	环节一：分析 Arduino 代码程序
	程序中大括号 "{" 和 "}" 的意思是否理解：□是 □否 setup() 函数中的程序只会在程序最开始时执行一次：□是 □否 loop() 函数中的代码会一遍遍重复执行：□是 □否 Arduino 程序不允许同时执行多个函数：□是 □否 Arduino 程序没有退出或关闭程序的功能：□是 □否 Arduino 整个程序的开始和停止取决于 Arduino 芯片的电源开启和关闭：□是 □否 开头带有 "//" 的代码都会被 Arduino 给忽略：□是 □否 pinMode(LED，OUTPUT) 中的 OUTPUT 表示 LED 的什么状态：□输入 □输出 digitalWrite(LED，HIGH) 中的 HIGH 表示 LED 的什么状态：□开 □关 digitalWrite(LED，LOW) 中的 LOW 表示 LED 的什么状态：□开 □关 delay(1000) 表示持续某一个动作 1000 毫秒：□是 □否 用按钮来控制 LED 闪烁的程序训练是否完成：□是 □否 国际莫尔斯电码救难信号的程序训练是否完成：□是 □否
	环节二：调用与修改 Arduino 软件中成熟的代码程序
	电动机转动程序训练一是否完成：□是 □否 电动机转动程序训练二是否完成：□是 □否
问题及解决	

七 创客活动四：特雷门琴程序设计与调试

□ 环节一：特雷门琴程序设计

请根据上述学习的内容，按照下面要求设计或者修改特雷门琴代码程序，并把设计或者修改好的程序写在表 2-11 中。

要求如下：

1. 调整模拟输入值对应的声音频率频率范围 50~2500Hz；

2. Arduino UNO 数字输出端口采用 10 号端口；

3. 播放音乐持续时间为 10 毫秒；

4. 根据实际情况调整光照强度，使播放声音更悦耳。

表 2-11　设计特雷门琴程序

设计特雷门琴程序	

□ 环节二：特雷门琴调试

根据特雷门琴原理，按要求组装好特雷门琴，导入表 2-11 中设计好特雷门琴代码程序，调试产品，修改程序，使特雷门琴的效果最佳，将 Arduino UNO 与其电子元件接口连接情况分别填入表 2-12、表 2-13 中。

表 2-12　光敏电阻与 Arduino UNO 接线对照表

光敏电阻	电阻	Arduino UNO R3
正极		
负极		

表 2-13　扬声器与 Arduino UNO 接线表

8Ω 扬声器	电阻	Arduino UNO R3
正极		
负极		

对小组调试后的产品，用照度计测量手电筒每档的光照强度，用不同挡位的手电筒（距离光敏电阻 10cm）垂直照射光敏电阻，在距离扬声器 5cm 的处用噪音检测仪检测，记录不同光照强度下的特雷门琴音量值，并填写表 2-14。

表 2-14　特雷门琴试验音量试验一

	光照强度 /lx	音量 /dB	备注
第一档			
第二档			
第三档			
第四档			

用同一档光照，在距离光敏电阻 5cm、10cm、15cm、20cm 处垂直照射光敏电阻，在距离扬声器 5cm 处用噪声检测仪检测，记录不同光照强度下的特雷门琴音量值，并填写表 2-15。

表 2-15　特雷门琴试验音量试验二

	光照强度 /lx	音量 /dB	备注
5cm			
10cm			
15cm			
20cm			

□ 活页工单

班级：_____　　　　姓名：_____

项目名称	我是电子"歌手"——特雷门琴		
	环节一：特雷门琴程序设计		
创客活动四：特雷门琴程序设计与调试	环节二：特雷门琴调试		
	记录不同光照强度下特雷门琴音量值		
	光照强度 /lx	音量 /dB	备注
	第一档		
	第二档		
	第三档		
	第四档		
	记录同一光照强度下特雷门琴音量值		
	光照强度 /lx	音量 /dB	备注
	5cm		
	10cm		
	15cm		
	20cm		
问题及解决			

创客项目三

魔力控制"指环王"——魔戒与台灯

学习目标

创客活动一：魔戒与台灯的设计
· 熟练掌握形象思维的设计方法，并设计出魔戒台灯的基本造型。

创客活动二：魔戒与台灯的三维造型
· 能使用三维建模软件——123D Design 进行简单三维图形的造型。

创客活动三：魔戒与台灯的 3D 打印
· 了解 3D 打印原理、特点和应用。
· 会设置 3D 打印参数，能操作 3D 打印机进行产品制作。

创客活动四：魔戒与台灯的装配及代码输入
· 能使用手工工具和台焊设备对魔戒台灯进行安装，并输入代码。

建议课时

4 课时

一 项目发布

相信《指环王》的电影大家一定不陌生，电影里的魔戒具有神秘的力量。不过今天我们制作的魔戒是用来点亮一盏 3D 打印的台灯。

现在让我们一起开始本次项目任务：设计并制作一款魔戒台灯。该项目思维导图如图 3-1 所示。

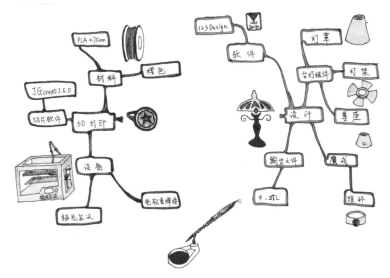

图 3-1　项目三思维导图

二 项目背景

（一）形象思维

微课 5
形象思维

形象这一概念，总是和感受、体验关联在一起，也就是哲学中所说的形象思维。形象思维是用直观形象和表象解决问题的思维。与形象思维相对应而存在的哲学概念是逻辑思维，指一般性的认识过程，其更多地表示理性的理解，而不是感受或体验。

形象思维借助于形象反映生活，运用典型化和想象的方法，塑造艺术形象，表达作者的思想感情。因此，形象思维也叫艺术思维。

形象思维是建立在形象联想的基础上的。先要使需要思考记忆的物品在脑子里形成清晰的形象，并将这一形象附着在一个容易回忆的联结点上。这样，只要想到所熟悉的联结点，便能立刻想起学习过的东西。

创客项目一

创客项目二

创客项目三

创客项目四

创客项目五

创客项目六

附　录

【小游戏 3-1】

　　请在一分钟内记住下列东西：风筝、铅笔、汽车、电饭锅、蜡烛、果酱。

　　方法：你可以想象，你放着风筝，风筝在天上飞。这是一个什么样的风筝呢？是一个白色的风筝。忽然有一支铅笔，被抛了上去，把风筝刺了个大洞，于是风筝掉了下来。而铅笔也掉了下来，砸到了一辆汽车上，风窗玻璃也全破了。后来，汽车只好放到一个大电饭锅里去。当汽车放入电饭锅时，汽车融化了，变软了。后来，你拿着一个蜡烛，敲着电饭锅，而蜡烛被涂上了果酱。

　　现在回想一下

　　风筝怎么了？被铅笔刺个大洞。

　　铅笔怎么了？砸到了汽车。

　　汽车怎么了？被放到电饭锅里煮。

　　电饭锅怎么了？被蜡烛敲出了声音。

　　蜡烛怎么了？被涂上了果酱。

　　如果你再回想几次，就把这六项记起来了。

　　这个游戏说明联结是形象记忆的关键。生动的联结要求将新信息放在旧信息上，创造另一个生动的影像。将新信息放在长期记忆中，以荒谬、无意义的方式用动作将影像联结。

【小游戏 3-2】

　　记住中国的省级行政单位的轮廓及位置

　　方法：仔细观察中国地图，我们不难发现各省、市、自治区的行政区轮廓图与日常生活中的一些实物很相似。

　　例如，各省、市、自治区的行政区轮廓图：黑龙江省像只天鹅，内蒙古自治区像展翅飞翔的老鹰，吉林省大致呈三角形，辽宁省像个大逗号，山东省像伸出拇指的拳头，山西省像平行四边形，福建省像相思鸟，安徽省像张兔子皮，海南省似菠萝，广东省似象头，广西壮族自治区似树叶，青海省像兔子，西藏自治区像登山鞋，新疆维吾尔自治区像朝西的牛头，甘肃省像哑铃，陕西省像跪俑，云南省像开屏的孔雀，湖北省像警察的大盖帽，湖南省、江西省像一对亲密无间的伴侣……形象记忆不仅使呆板的行政区轮廓图变得生动有趣，也提高了记忆的效果。

（二）3D 打印简介

微课 6
3D 打印机的使用方法

　　3D 打印（3DP) 是快速成型技术的一种，它是一种以数字模型文件为基础，运用粉末状金属或塑料等可黏合材料，通过逐层打印的方式来构造物体的技术。

　　3D 打印通常是采用数字技术材料打印机来实现的。它常在模具制造、工业设计等领域被用于制造模型，后逐渐用于一些产品的直接制造，已经有使用这种技术打印而成的零部件。该技术在服饰，工业设计，建筑、工程和施工，汽车，航空航天，医疗，教育等领域都有所应用，如图 3-2 所示。

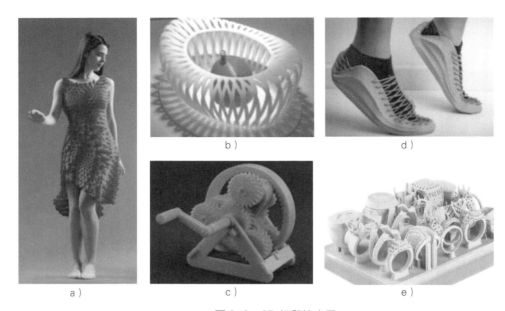

图 3-2　3D 打印的应用

a）服装　b）工艺品　c）模型　d）鞋类　e）珠宝首饰

1. 3D 打印原理

日常生活中使用的普通打印机可以打印计算机设计的平面物品，而 3D 打印机与普通打印机工作原理基本相同，只是打印材料有些不同，普通打印机的打印材料是墨水和纸张，而 3D 打印机内装有金属、陶瓷、塑料、砂等不同的"打印材料"，是实实在在的原材料，打印机与计算机连接后，通过计算机控制可以把"打印材料"一层层叠加起来，最终把计算机上的蓝图变成实物。通俗地说，3D 打印机是可以"打印"出真实的 3D 物体的一种设备，如打印一个机器人、玩具车、模型，甚至是食物等。之所以通俗地称 3D 打印机为"打印机"，是因为其参照了普通打印机的技术原理，其分层加工的过程与喷墨打印十分相似。这项打印技术称为 3D 立体打印技术。3D 打印在汽车制造行业的发展历程如图 3-3 所示。

图 3-3　3D 打印在汽车制造行业的发展历程

3D 打印有许多不同的技术。它们的不同之处在于选用材料的不同。材料不同，层构方式也不同。3D 打印常用材料有尼龙玻纤，聚乳酸，ABS 树脂，耐用性尼龙材料，石膏材料，铝、钛合金、不锈钢、镀银、镀金材料及橡胶类材料。3D 打印技术及材料如表 3-1 所示。

表 3-1　3D 打印技术及材料

类　型	累积技术	基本材料
挤压	熔融沉积成型（FDM）	热塑性塑料、共晶系统金属、可食用材料
线	电子束自由成形制造（EBF）	几乎任何合金
粒状	直接金属激光烧结（DMLS）	几乎任何合金
	电子束熔化成型（EBM）	钛合金
	选择性激光熔化成型（SLM）	钛合金、钴铬合金、不锈钢、铝
	选择性热烧结（SHS）	热塑性粉末
	选择性激光烧结（SLS）	热塑性塑料、金属粉末、陶瓷粉末
粉末层喷头 3D 打印	石膏 3D 打印（PP）	石膏
层压	分层实体制造（LOM）	纸、金属膜、塑料薄膜
	立体平版印刷（SLA）	光硬化树脂
光聚合	数字光处理（DLP）	光硬化树脂

2. 打印过程

第一步：三维设计

三维打印的设计过程是：先通过计算机建模软件建模，再将建成的三维模型"分区"成逐层的截面，即切片，从而指导打印机逐层打印。

设计软件和打印机之间协作的标准文件格式是 STL 文件格式。一个 STL 文件使用三角面来近似模拟物体的表面。三角面越小，其生成的表面分辨率越高。PLY 是一种通过扫描产生的三维文件的扫描器，其生成的 VRML 或者 WRL 文件经常被用作全彩打印的输入文件。

在本项目中，我们将学习怎样利用三维建模软件——123D Design 设计出一款魔戒台灯。

第二步：切片处理

打印机通过读取文件中的横截面信息，用液体状、粉状或片状的材料将这些截面逐层地打印出来，再将各层截面以各种方式粘合起来，从而制造出一个实体。这种技术的特点在于其几乎可以造出任何形状的物品。

打印机打印出的截面的厚度（即 Z 方向），以及平面方向（即 X-Y 方向）的分辨率是以 dpi（像素每英寸）或者微米来计算的。一般的厚度为 100μm，即 0.1μm，也有部分打印机如 Objet Connex 系列和 3D Systems ProJet 系列可以打印出厚度为 16μm 的一层。而平面方向则可以打印出跟激光打印机相近的分辨率。打印出来的"墨水滴"的直径通常为 50~100μm。用传统方法制造出一个模型通常需要数小时到数天，根据模型的尺寸以及复杂程度而定。而用三维打印技术则可以将时间缩短为数个小时，当然其是由打印机的性能以及模型的尺寸和复杂程度而定的。

传统的制造技术如注塑法可以以较低的成本大量制造聚合物产品，而三维打印技术则可以更快、更有弹性的办法和更低的成本生产数量相对较少的产品。一个桌面尺寸的三维打印机就可以满足设计者或概念开发小组制造模型的需要。

第三步：完成打印

三维打印机的分辨率对大多数应用来说已经足够（在弯曲的表面可能会比较粗糙，像图像上的锯齿一样），要获得更高分辨率的物品可以通过如下方法：先用当前的三维打印机打出稍大一点的物体，再稍微经过表面打磨即可得到表面光滑的"高分辨率"物品。

有些技术可以同时使用多种材料进行打印。有些技术在打印的过程中还会用到支撑物，例如，在打印出一些有倒挂状的物体时，就需要用到一些易于除去的东西（如可溶的东西）作为支撑物。

三 材料、工具、软件和设备

项目材料清单见表 3-2。工具、软件和设备清单见表 3-3。

表 3-2　项目材料清单

名　称	规　格	数　量	说　明
彩色 3D 打印耗材	PLA 1.75mm	1 卷	色彩自定
Beetle 控制器	工作频率：2.4GHz 微控制器：ATmega328 时钟频率：16 MHz 工作电压：5V DC (USB 口) 输入电压：6~8V (Vin 口) 数字口数量：4 个 模拟输入口数量：4 个 PWM 口数量：2 个 UART 端口：1 组 I2C 端口：1 组 Micro USB 接口：1 个 电源端口：2 组 尺寸：28.8mm X 33.1mm	1 个	能实现开发板的功能

名　　称	规　　格	数　量	说　　明
炫彩 LED 灯带	工作电压：3.3~5V 最大电流：1A（每米 LED 灯带，5V） 只需要一根信号线输入 每个 LED 灯珠独立控制 3 米，每米包含 60 个灯珠	1 根	可以在 3.3~6V 的环境下工作，但是亮度有所不同
数字贴片磁感应传感器	工作电压：3.3~5V 有磁力时模块上的 LED 会亮 接口类型：数字接口 尺寸：22mm×30mm	1 个	磁力传感器，能够感知 3cm（探测距离随磁力大小而变化）以内的磁力
强磁铁		2 个	
公母头跳线	21cm	30 根	适合面包板实验和 Arduino 制作等需要大量连线的场合

注：以上所有材料均可在网上购买。

表 3-3　工具、软件和设备清单

名　　称	版本 / 型号	附　录
Autodesk 123D Design	Autodesk 123D Design 1.8 中文版 (32 位 /64 位)	A
Arduino	Arduino 配套软件，使用 1.8.10 版本	A
3D 打印机	极光尔沃	B
电烙铁		

注：以上所有设备可在全球 fablab 中使用，中南地区 fablab 湖南机电职业技术学院免费使用（附录 A、附录 B）。

（四）创客活动一：魔戒与台灯的设计

台灯的造型在生活中多种多样，台灯的造型设计需要建立在功能的基础上，图 3-4 所示台灯的主要功能是能够发出光亮。请通过互联网来搜集台灯的造型吧！将台灯所包含的元素填入表 3-4，并在表 3-5 中绘制形象思维心智图。

图 3-4　台灯的造型

表 3-4　台灯元素填表

表 3-5　形象思维心智图绘制

以台灯为基础，利用形象思维的方式，设计出形意结合的创意台灯，画入表 3-6 中。

表 3-6　创意台灯设计

□ 活页工单

班级：_____   姓名：_____

项目名称	魔力控制"指环王"——魔戒与台灯
	1. 台灯元素

2. 形象思维心智图

3. 台灯造型设计（手绘）

4. 魔戒造型设计（手绘）

创客活动一：魔戒与台灯的设计

问题及解决

创客项目一

创客项目二

创客项目三

创客项目四

创客项目五

创客项目六

附　录

五 创客活动二：魔戒与台灯的三维造型

□ 环节一：台灯造型设计

1. 灯罩三维建模

图 3-5　创建新项目

①

打开 Autodesk 123D Design，创建新项目。单击底部【开始新项目】按钮，如图 3-5 所示。

②

选择左侧下拉菜单中【新建】命令，如图 3-6 所示。

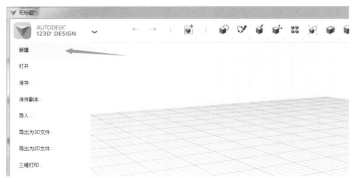

图 3-6　新建项目

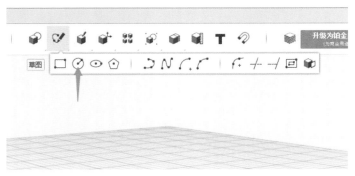

图 3-7　创建环形草图

③

单击草图工具栏中的【创建环形草图】按钮 ⊘，如图 3-7 所示。

④

以网面为基准，绘制直径
为 80mm 的 圆 形 1 个，
如图 3-8 所示。

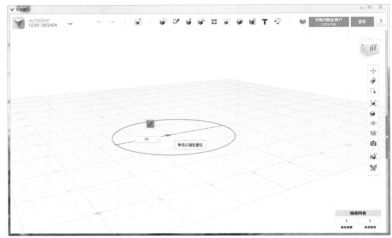

图 3-8　绘制 80mm 的圆形

⑤

以同一网面为基准，绘制
直径为 150mm 的圆形 1
个，如图 3-9 所示。

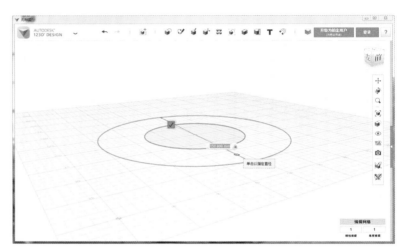

图 3-9　绘制 150mm 的圆形

⑥

移动灯罩的大圆直径，单
击变换工具栏中的【移动】
按钮 ⊞，如图 3-10 所示。

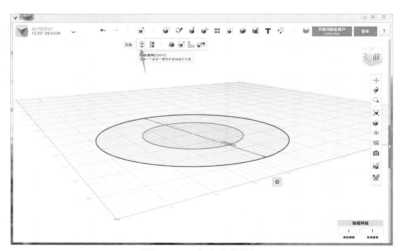

图 3-10　【移动】按钮

⑦

选择需要移动的直径为 150mm 的大圆，单击【向上】按钮，输入 100mm 并按【回车】键，完成大圆的移动，如图 3-11 所示。

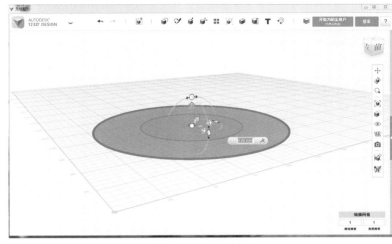

图 3-11　移动大圆

⑧

大圆移动后的效果，如图 3-12 所示。

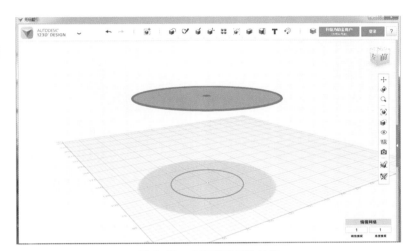

图 3-12　大圆移动后的效果

⑨

单击构造工具栏中的【放样】按钮 📐，如图 3-13 所示。

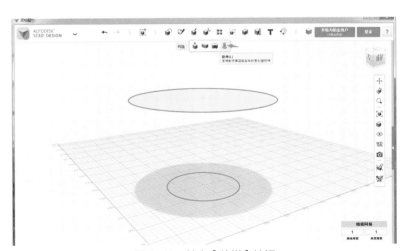

图 3-13　单击【放样】按钮

创客项目一
创客项目二
创客项目三
创客项目四
创客项目五
创客项目六
附　录

⑩

分别选取两个圆，按【回车】键，完成灯罩的初级实体化，如图 3-14所示。

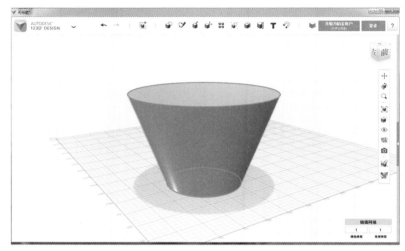

图 3-14　灯罩的初级实体化

⑪

单击修改工作栏，选择【抽壳】按钮，如图 3-15 所示。

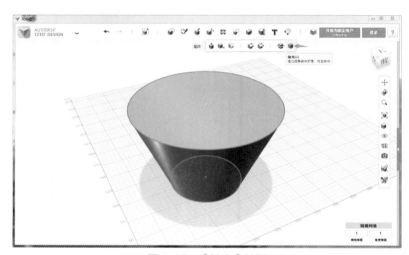

图 3-15　【抽壳】按钮

⑫

选择大圆平面作为去除面，如图 3-16 所示。

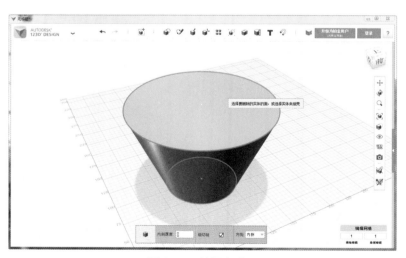

图 3-16　选择去除面

⑬

输入灯罩厚度为 10mm，
选择方向为【内侧】，
如图 3-17 所示。

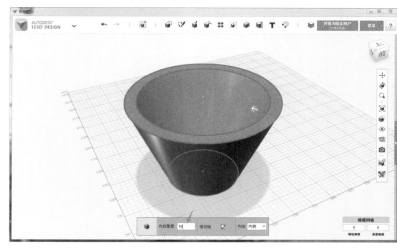

图 3-17　灯罩厚度设置

⑭

单击草图工具栏，选择
【草图圆】按钮 ，以
小端面为绘图基准面，
绘制直径为 15mm 的圆，
如图 3-18 所示。

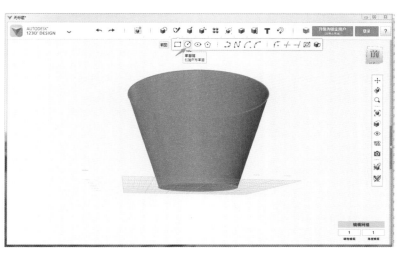

图 3-18　草图圆绘制

⑮

选择灯罩小端面为草绘
基准面，如图 3-19 所示。

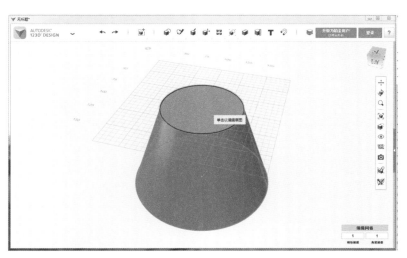

图 3-19　选择草绘基准面

⑯

在基准面内中心绘制直径 15mm 的圆，如图 3-20 所示。

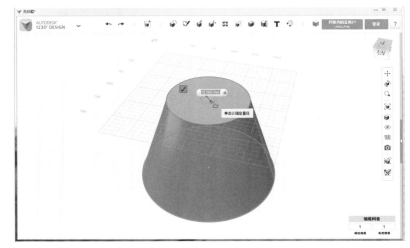

图 3-20　绘制 15mm 的圆形

⑰

选择合适位置绘制直径为 10mm 的圆，如图 3-21 所示。

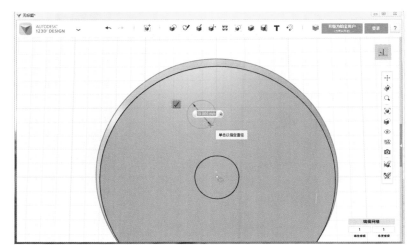

图 3-21　绘制 10mm 的圆形

⑱

单击"多段线"按钮 ⟲，如图 3-22 所示。

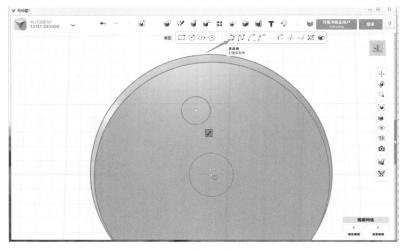

图 3-22　【多段线】命令

⑲

以两个小圆中心绘制中心线，经过两小圆绘制多段线，如图3-23所示。

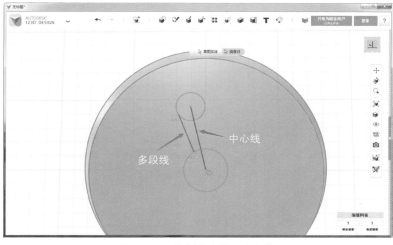

图 3-23　绘制中心线和多段线

⑳

选择【镜像】命令，将多段线镜像如图 3-24 所示。

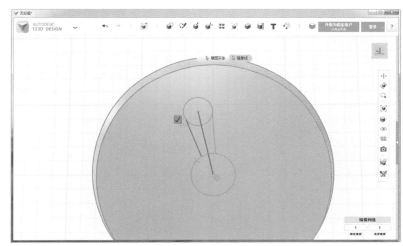

图 3-24　镜像多段线

㉑

选择草图工具栏，单击【修剪】按钮 ，将图形修剪成如图 3-25 所示的扇形孔。

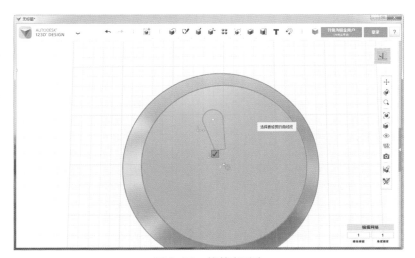

图 3-25　修剪扇形孔

㉒

选择【阵列】命令，以
草图圆心为中心轴，输
入阵列数 6，如图 3-26
所示。

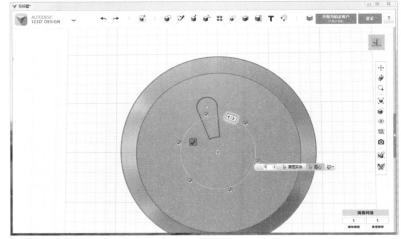

图 3-26　扇形阵列

㉓

确定后，扇形阵列成了
6 个，效果如图 3-27 所
示。

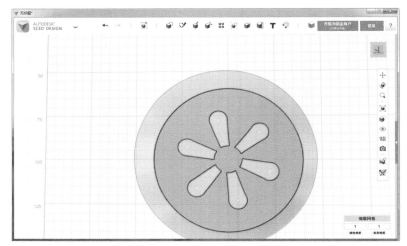

图 3-27　扇形阵列效果图

㉔

选择其中一个扇形，选
择【拉伸】命令，输入
拉伸尺寸为 10mm，完
成材料去除，如图 3-28
所示。

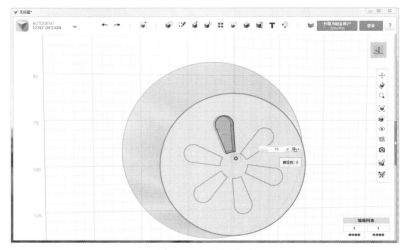

图 3-28　材料去除

㉕

依次完成 6 个空孔的拉伸，完成灯罩的光孔拉伸，如图 3-29 所示。

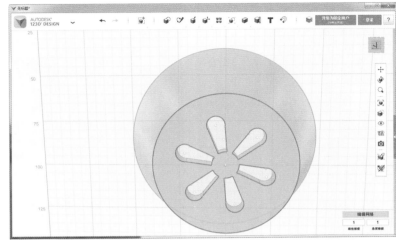

图 3-29　灯罩光孔拉伸

㉖

选择【草绘】工具，单击【草图圆】按钮，如图 3-30 所示。

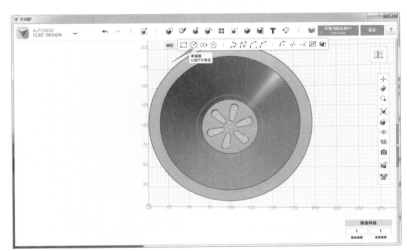

图 3-30　【草图圆】按钮

㉗

以大端截面为基准，绘制直径为 140mm 的草图圆，如图 3-31 所示。

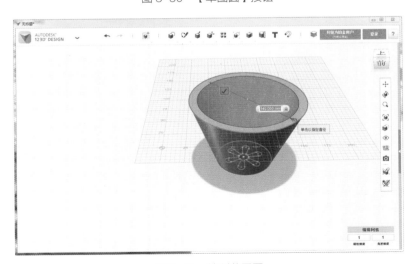

图 3-31　绘制草图圆

㉘

绘制草图圆后的效果如图 3-32 所示。

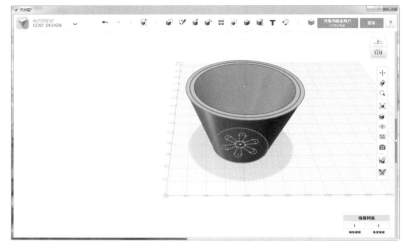

图 3-32　草图圆效果

㉙

单击构造工具栏中的【拉伸】按钮 🔲，如图 3-33 所示。

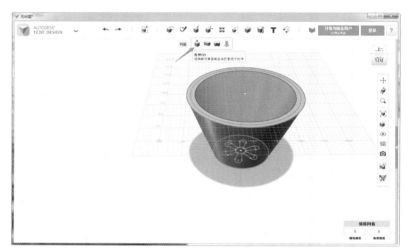

图 3-33　【拉伸】命令

㉚

将 140mm 圆反向拉伸 5mm，形成灯罩装配台阶，如图 3-34 所示。

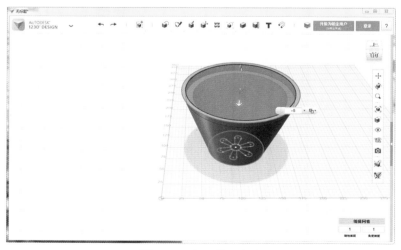

图 3-34　灯罩装配台阶

㉛

完成灯罩的三维建模，
效果图如图3-35所示。

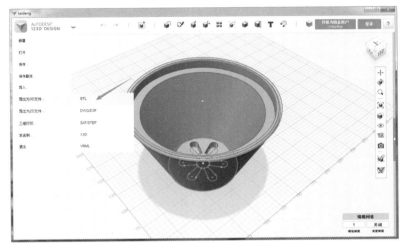

图3-35　灯罩效果图

㉜

保存，并转换为STL文
件，如图3-36所示。

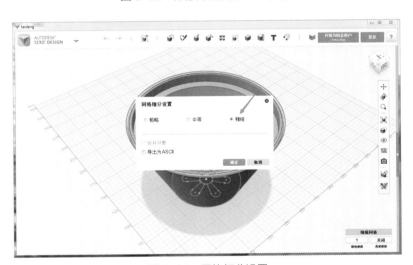

图3-36　保存并转换为STL文件

㉝

在【网格细分设置】中
选择【精细】选项，将
文件保存到专用文件夹
中，如图3-37所示。

图3-37　网格细分设置

创客项目一

创客项目二

创客项目三

创客项目四

创客项目五

创客项目六

附　录

2. 灯座三维建模

① 新建项目，草图绘制直径为 80mm、40mm 的圆各一个，如图 3-38 所示。

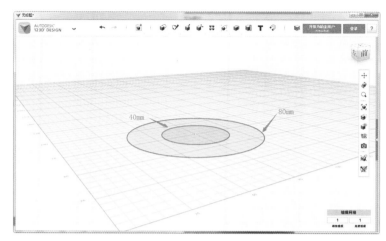

图 3-38　绘制圆形

② 单击【移动】按钮 ⊕，将小圆向上拉伸 60mm，如图 3-39 所示。

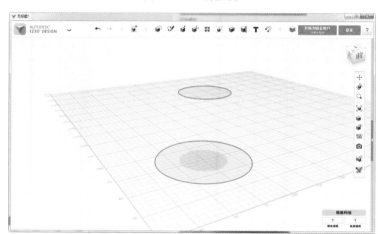

图 3-39　拉伸圆形

③ 单击【放样】按钮 ⬛，完成灯座部分的实体化，如图 3-40 所示。

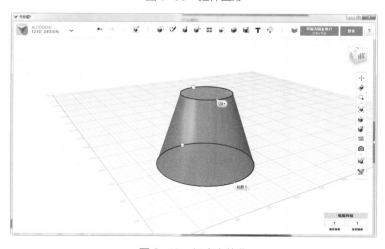

图 3-40　灯座实体化

④

单击【抽壳】按钮 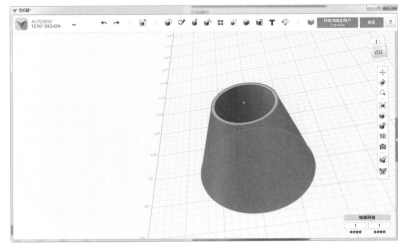，将灯座内部掏空，如图 3-41 所示。

图 3-41　灯座抽壳

⑤

单击【拉伸】按钮，完成直径为 36mm 的圆柱体拉伸，高度为 10mm，如图 3-42 所示。

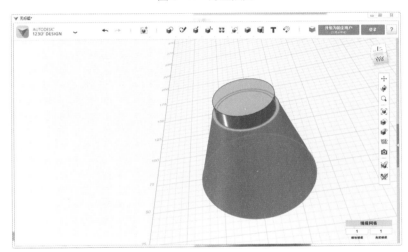

图 3-42　圆柱体拉伸

⑥

通过草图工具栏，以顶端为基准面绘制一个矩形，单击【拉伸】按钮，将顶部圆柱部分向下切割 8mm，如图 3-43 所示。

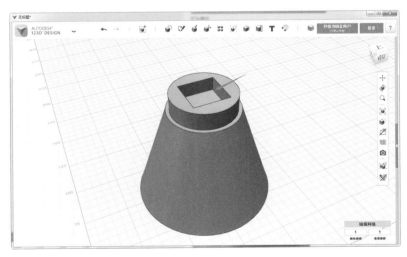

图 3-43　切割圆柱体

⑦

通过草图功能，绘制直径为 12mm 的孔，拉伸切除材料形成灯座线路孔，如图 3-44 所示。

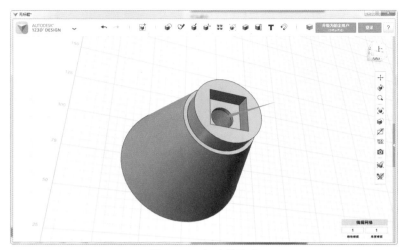

图 3-44　灯座线路孔

⑧

通过草图功能，绘制直径为 10mm 的孔，将其移动到合适的位置，单击【拉伸】按钮，完成灯座小孔的切割，如图 3-45 所示。

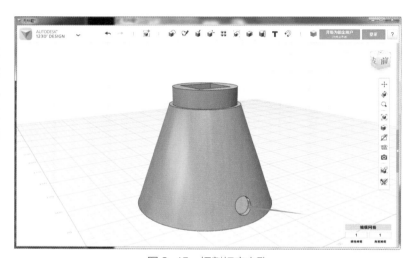

图 3-45　切割灯座小孔

⑨

通过【倒角】等功能，修饰灯座，完成灯座的三维建模，并将其保存到文件夹中，如图 3-46 所示。

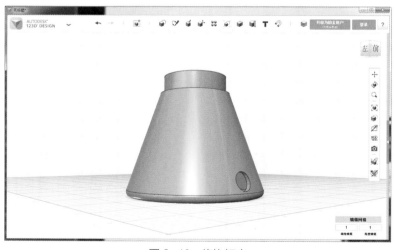

图 3-46　修饰灯座

⑩

导出 STL 文件，如图 3-47
所示。

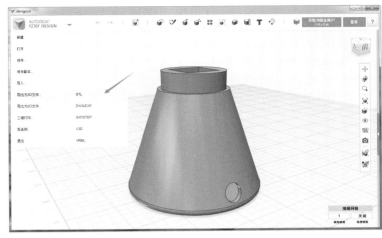

图 3-47　导出 STL 文件

⑪

在【网格细分设置】对话
框中选择【精细】选项。
将文件保存到专用文件夹
中，如图 3-48 所示。

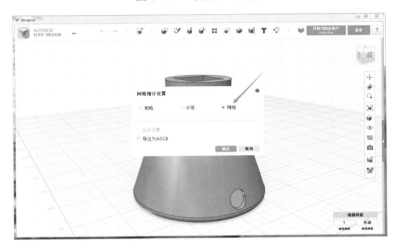

图 3-48　网格细分设置

3. 灯架三维建模

①

新建项目，利用草图功能
分别绘制直径为 140mm、
56mm 和 37mm 的圆各一
个，如图 3-49 所示。

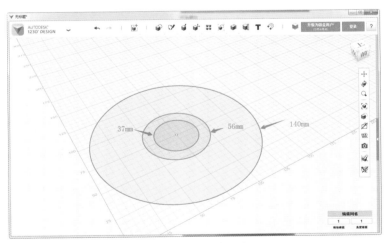

图 3-49　绘制圆形

② 利用【草图】功能，绘制扇形，将灯架的外围部分绘制完成，在绘制草图时，需要注意所有线段都需要在之前绘制的平面内，否则后续的修剪命令无法执行，如图3-50所示。

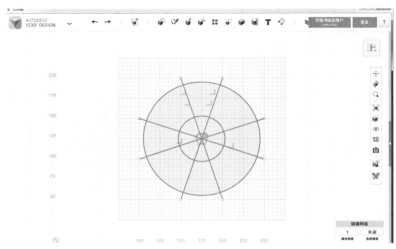

图3-50　绘制扇形

③ 利用【修剪】功能，完成灯架的外围形状设计，如图3-51所示。

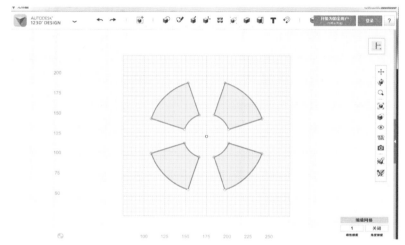

图3-51　灯架外围形状

④ 利用【拉伸】功能，将扇形拉伸高度为3mm的实体，如图3-52所示。

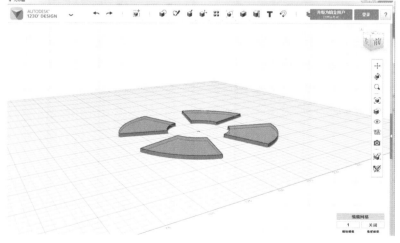

图3-52　扇形实体化

⑤

通过【草绘】与【拉伸】功能，完成外径为56mm，内径为37mm，高度为10mm的环形圆柱灯架的实体建模，效果如图3-53所示。

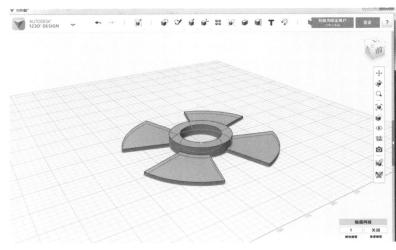

图3-53　环形圆柱灯架效果图

⑥

利用【合并】功能，完成灯架的整体性，如图3-54所示。

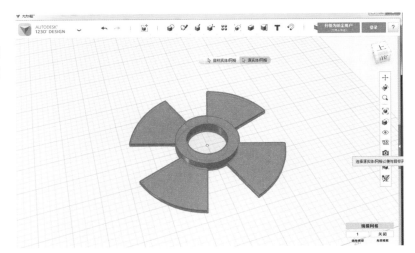

图3-54　合并灯架

⑦

保存，并转换为STL文件，如图3-55所示。

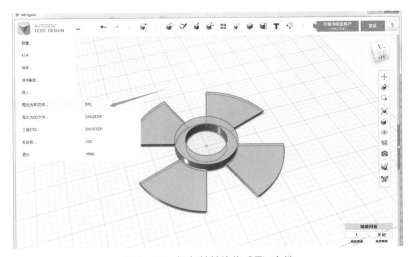

图3-55　保存并转换为STL文件

创客项目一
创客项目二
创客项目三
创客项目四
创客项目五
创客项目六
附　录

⑧

在【网格细分设置】对话框中选择【精细】选项，将文件保存到专用文件夹中，如图 3-56 所示。

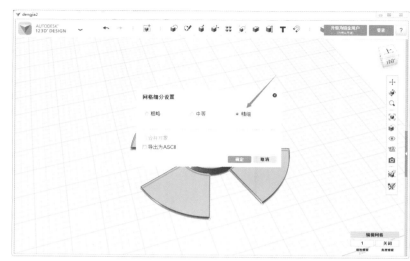

图 3-56　网格细分设置

□ **环节二：魔戒造型设计**

魔戒尺寸需要根据个人的手指尺寸设计，通过【圆环体】功能，完成圆环的建模，按照纽扣磁铁的尺寸，切割出放置磁铁位置的内凹，采用反向拉伸的方式完成。保存，并导出为 STL 文件。魔戒效果图如图 3-57 所示。

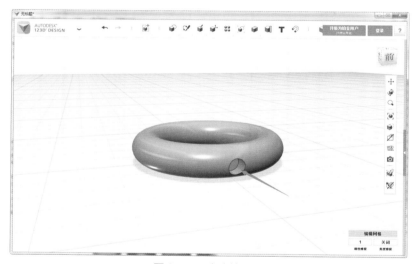

图 3-57　魔戒效果图

制作小窍门

1. 在使用 123D Design 设计之前，请先设计并绘制草稿，将基本尺寸进行标注，这样，在数字设计时，能够提高数字设计速度。

2. 在设计中尽量将每条非装配部分锋利的边进行圆角处理，方便 3D 打印后的进一步处理。

创客项目一

创客项目二

创客项目三

创客项目四

创客项目五

创客项目六

附　录

□ 活页工单

班级：_____　　　　姓名：_____

项目名称	魔力控制"指环王"——魔戒与台灯
创客活动二：魔戒与台灯的三维造型	环节一：台灯造型设计
	1. 灯罩简图： 上端直径：　　　　　　　　下端直径： 厚　　度：　　　　　　　　灯罩高度：
	2. 灯座简图： 上端直径：　　　　　　　　下端直径： 厚　　度：　　　　　　　　灯座高度：
	3. 灯架简图： 凸台高度：　　　凸台外径：　　　凸台内径： 支撑架直径：　　　支撑架厚度：
	环节二：魔戒造型设计
	魔戒简图： 内　　径：　　　外　　径：　　　圆环直径： 强磁铁孔径：　　　强磁铁深度：
问题及解决	

创客项目一
创客项目二
创客项目三
创客项目四
创客项目五
创客项目六
附录

三六 创客活动三：魔戒与台灯的 3D 打印

什么是切片呢？切片实际上就是把 3D 模型切片，设计好打印的路径（填充密度、角度、外壳等），并将切片后的文件储存成 .gcode 格式，即一种 3D 打印机能直接读取并使用的文件格式。然后，再通过 3D 打印机控制软件，把 .gcode 文件发送给打印机并调整 3D 打印机的参数，完成打印。

环节一：STL 文件切片

安装 Cura 15.02.1 软件。以灯罩为例，展示切片过程。

① 打开 Cura15.02.1 软件，进入主界面，如图 3-58 所示。

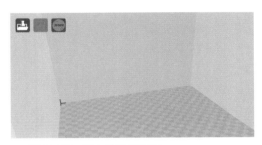

图 3-58　进入软件主界面

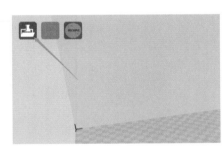

图 3-59　导入模型

② 导入名为"dengzhao"的 STL 三维数字模型，如图 3-59 所示。

③ 选择"dengzhao"文件，单击【打开】按钮，如图 3-60 所示。打开三维数字模型，如图 3-61 所示。

图 3-60　选择文件

图 3-61　打开模型

④ 在【质量】设置中设置层高为0.2mm，壁厚1.2mm，并开启【回退】，如图3-62所示。

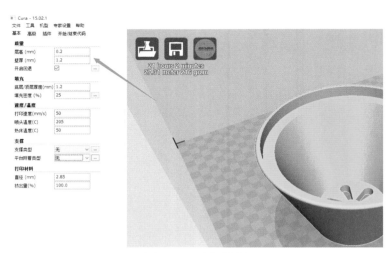

图 3-62　质量设置

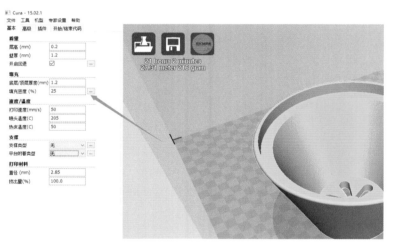

图 3-63　填充设置

⑤ 在【填充】设置中设置底层/顶层厚度为1.2mm，填充密度为25%，如图3-63所示。

⑥ 在【速度/温度】设置中设置打印速度为50mm/s，喷头温度为205℃，热床温度为50℃，如图3-64所示。

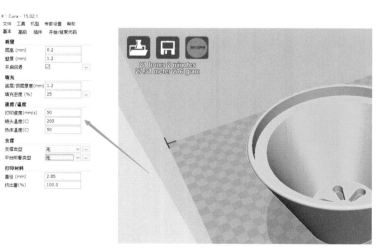

图 3-64　速度/温度设置

⑦

在【支撑】设置中根据模型样式选择支撑类型，如图 3-65 所示。

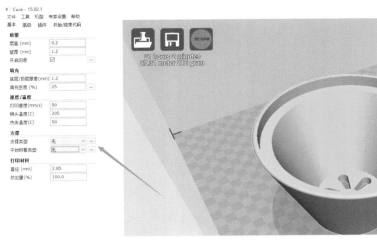

图 3-65　支撑设置

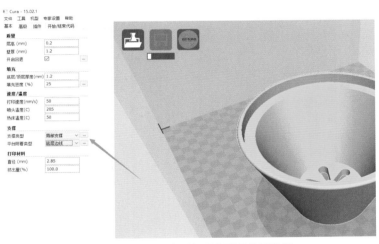

图 3-66　支撑类型与平台附着类型设置

⑧

若【支撑类型】为局部支撑或全部支撑，则【平台附着类型】选择底层边线或底层网格，如图 3-66 所示。

⑨

在【打印材料】设置中设置直径为 1.75mm（注：所用 PLA 材料直径为1.75mm），【挤出量】设置为 100%，如图 3-67 所示。

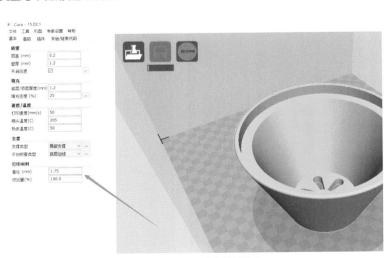

图 3-67　打印材料设置

创客项目一
创客项目二
创客项目三
创客项目四
创客项目五
创客项目六
附　录

⑩

等待切片进度，如图 3-68
所示。

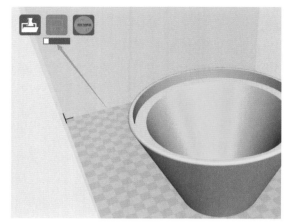

图 3-68   等待切片进度

⑪

切片完成后，提示完成打印预计所需时间、材料长度等数据，如图 3-69 所示。插入 U 盘，单
击保存数据至 U 盘。

图 3-69   打印数据提示

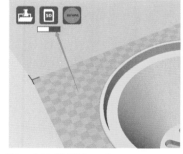

图 3-70   保存数据至 U 盘

⑫

提示已保存至 U 盘，如图
3-71 所示。弹出 U 盘。

图 3-71   数据保存完成

⑬ 采用同样的方式完成其余三个零件的切片工作。

❑ 环节二：3D 打印

① 将保存有切片好的文件的 U 盘插入 3D 打印机 USB 接口。启动 3D 打印机，将 U 盘中通过切片得到的 gcode 文件传送给 3D 打印机，如图 3-72 所示。

图 3-72　3D 打印机

② 装入 3D 打印材料，调试打印平台，如图 3-73 所示。

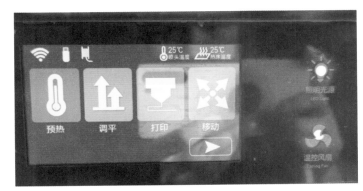

图 3-73　调试打印平台

③ 设定打印参数，打印机开始工作，如图 3-74 所示。

图 3-74　开始打印

创客项目一

创客项目二

创客项目三

创客项目四

创客项目五

创客项目六

附录

④

材料会一层一层地打印出来，层与层之间通过特殊的胶水进行黏合，并按照横截面将图案固定住，最后一层一层地叠加起来，就像盖房子一样，砖块是一层一层的，但累积起来后，就成了一个立体的房子。最终，经过分层打印、层层黏合、逐层堆砌，一个完整的物品就会呈现在眼前了，如图3-75所示。

图3-75　打印完成

3D打印机与传统打印机最大的区别在于其使用的"墨水"是实实在在的原材料。

□ 环节三：后期处理

3D打印机完成工作后，取出物体并做后期处理。例如，在打印一些悬空结构的时候，需要有一个支撑结构将模型顶起来，然后才可以打印悬空上面的部分。所以，对于这部分多余的支撑结构，需要做后期处理掉。

有时候，3D打印出来的物品表面会比较粗糙（如SLS金属打印），需要抛。抛的办法有物理抛光和化学抛光。通常使用的是砂纸打磨（Sanding）、珠光处理（Bead Blasting）和蒸汽平滑（Vapor Smoothing）这三种技术。

除了3DP的打印技术可以做到彩色3D打印之外，其他的3D打印一般只可以打印单种颜色。有的时候需要对打印出来的物件进行上色，例如，ABS塑料、光敏树脂、尼龙、金属等，不同材料需要使用不同的颜料。

3D打印粉末材料过程完成之后，需要一些后续处理措施来达到加强模具成型强度及延长保存时间的目的，其中主要包括静置、强制固化、去粉、包覆等。打印过程结束之后，需要将打印的模具静置一段时间，使得成型的粉末和黏结剂之间通过交联反应、分子间作用力等作用固化完全，尤其是对于以石膏或者水泥为主要成分的粉末。

制作小窍门

零件切片时，应考虑打印零件的用途。若为观赏用零件，则尽量提高切片精度；若为结构件，则尽量提高稳定性，精度可适当降低，应尽可能考虑打印机的工作效率。

3D打印机每次工作后，应立即进行设备维护，校对检测，以延长打印机的使用寿命。

零件打印出来后，可准备砂纸对表面进行打磨，以提高零件表面精度。

创客项目一

创客项目二

创客项目三

创客项目四

创客项目五

创客项目六

附　录

□ 活页工单

班级：_____　　　　　姓名：_____

项目名称	魔力控制"指环王"——魔戒与台灯
创客活动三： 魔戒与台灯的 3D 打印	1. 3D 打印机型号： 线材直径： 喷头温度： 预热温度： 热床温度： 打印时长： 2. 自编 3D 打印机操作手册： 第一步：选择 3D 打印机。 第二步：打开打印机电源。 第三步：进入菜单，选择 □升□降温，选择 _____ 命令测试喷头是否能正常吐丝。 第四步：插入 SD 卡 /U 盘，选择 _____ 命令，并选择需要的打印文件。 第五步：选择喷头温度 _____。 第六步：选择 _____ 命令，设置喷头起始位置。 第七步：选择 _____ 命令，开始打印。 第八步：记录打印时间。 灯罩：_____；灯架：_____；基座 _____；魔戒：_____
问题及解决	

创客项目一

创客项目二

创客项目三

创客项目四

创客项目五

创客项目六

附录

七 创客活动四：魔戒与台灯的装配及代码输入

利用霍尔传感器作为电灯的控制开关，当带有强磁铁的魔戒靠近时，灯带点亮。

□ 环节一：魔戒制作

参照前面的台灯设计方法，设计符合自己大小的魔戒。对打印好的魔戒进行适当修模，并将强磁铁安装好。戒指实物图如图3-76所示。

图 3-76 魔戒实物图

□ 环节二：灯带安装

截取适当长度的灯带，并为截取的灯带焊接好 +5V、D、GND 三根引线。根据台灯结构安装好灯带，此处可以按照设计将灯带布置在不同的位置，安装好的效果。灯带安装实物图如图 3-77 所示。

□ 环节三：主控板部分焊接

因为 Beetle 控制器个头较小，所以焊接的时候，要尽量小心。若直接焊接，如果感觉焊接不牢固的话，可以用电松香焊接。使用 Beetle 控制器的数字口 9 和 11，数字口 9 用于连接霍尔传感器的 OUT。数字口 11 连接灯带的 D1 口。另外两根线分别接 VCC 和 GND，完成后如图 3-78 所示。

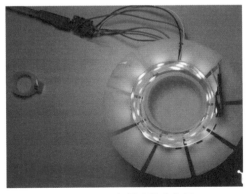  

图 3-77 灯带安装实物图　　　　图 3-78 主控板部分焊接实物图

□ 环节四：组装成品台灯

【作品测试】

将带有强磁铁的魔戒靠近霍尔传感器，看看你的灯亮起来没有。组装成品台灯实物图如图 3-79 所示。点亮的台灯实物图如图 3-80 所示。

图 3-79　组装成品台灯

图 3-80　点亮的台灯

制作小窍门

装配过程中，配合较松的部件需要使用到黏结剂进行黏合，配合较紧的部件要使用砂纸进行打磨。

尽量选择具有独立单元的可剪裁灯带，安装时可不按照本书介绍的方式，自行设计，想象力比知识更重要。

□ 环节五：代码输入

```
int switcher = 9;              // Connect Tilt sensor to Pin3
#include <Adafruit_NeoPixel.h>
#define PIN 11     //The signal pin connected with Arduino
#define LED_COUNT 60 // the amount of the leds of your strip

// Create an instance of the Adafruit_NeoPixel class called "leds".
// That'll be what we refer to from here on...
Adafruit_NeoPixel leds = Adafruit_NeoPixel(LED_COUNT, PIN, NEO_GRB + NEO_
KHZ800);

void setup()
{pinMode(11,OUTPUT);
    pinMode(switcher, INPUT);      // Set digital pin 3 to input mode
    Serial.begin(9600);

  leds.begin();  // Call this to start up the LED strip.
  clearLEDs();   // This function, defined below, turns all LEDs off...
  leds.show();   // ...but the LEDs don't actually update until you call this.
}
```

```
void loop()
{
  if(digitalRead(switcher)==HIGH) //Read sensor value
    {
        leds.begin();  // Call this to start up the LED strip.
clearLEDs();  // This function, defined below, turns all LEDs off...
    }
else
    {
leds.begin();  // Call this to start up the LED strip.
  clearLEDs();  // This function, defined below, turns all LEDs off...
    leds.show();  // ...but the LEDs don't actually update until you call this.
  for (int i=0; i<LED_COUNT; i++)
    {
        rainbow(i);
        delay(50);  // Delay between rainbow slides
    }
    }
    }
void clearLEDs()
{
  for (int i=0; i<LED_COUNT; i++)
    {
      leds.setPixelColor(i, 0);
  }
}
void rainbow(byte startPosition)
{
  int rainbowScale = 192 / LED_COUNT;
  for (int i=0; i<LED_COUNT; i++)
    {
    leds.setPixelColor(i, rainbowOrder((rainbowScale * (i + startPosition)) % 192));
  }
leds.show();
}
uint32_trainbowOrder(byte position)
{
  if (position < 31)  // Red -> Yellow (Red = FF, blue = 0, green goes 00-FF)
```

创客项目一
创客项目二
创客项目三
创客项目四
创客项目五
创客项目六
附
录

```
  {
     return leds.Color(0xFF, position * 8, 0);
  }
  else if (position < 63)  // Yellow -> Green (Green = FF, blue = 0, red goes FF->00)
  {
     position -= 31;
     return leds.Color(0xFF - position * 8, 0xFF, 0);
  }
  else if (position < 95)  // Green->Aqua (Green = FF, red = 0, blue goes 00->FF)
  {
     position -= 63;
     return leds.Color(0, 0xFF, position * 8);
  }
  else if (position < 127)  // Aqua->Blue (Blue = FF, red = 0, green goes FF->00)
  {
     position -= 95;
     return leds.Color(0, 0xFF - position * 8, 0xFF);
  }
  else if (position < 159)  // Blue->Fuchsia (Blue = FF, green = 0, red goes 00->FF)
  {
     position -= 127;
     return leds.Color(position * 8, 0, 0xFF);
  }
  else  //160 <position< 191   Fuchsia->Red (Red = FF, green = 0, blue goes FF->00)
  {
     position -= 159;
     return leds.Color(0xFF, 0x00, 0xFF - position * 8);
  }
}
```

□ 活页工单

班级：_____   姓名：_____

项目名称	魔力控制"指环王" ——魔戒与台灯	
创客活动四：魔戒与台灯的装配及代码输入	装配工具与耗材准备： 	
	Beetle 的数字口 9 连接_____	
	Beetle 的数字口 9 连接_____	
	A 线连接：_____	B 线连接：_____
	灯带代码： 	
问题及解决		

创客项目四

上天入地麒麟臂——智能机械手

 ## 学习目标

创客活动一：智能机械臂结构设计

- 激发创意构思与设想。
- 培养发散思维能力。
- 激发创意构思与设想。
- 以小组为单位，讨论智能机械臂结构，并绘制出结构草图。

创客活动二：智能机械臂的虚拟装配

- 能使用 UG 软件装配智能机械臂三维模型。
- 能使用 UG 软件验证智能机械臂设计方案。

创客活动三：智能机械臂零件制作与组装

- 能使用 3D 打印机、激光雕刻机制作智能机械臂零件模型。
- 能根据三维模型组装出智能机械臂。
- 能按照电路图自行安装智能机械臂驱动控制模块与电路。

创客活动四：智能机械臂程序编译与功能调试

- 能按照控制功能进行程序编译与功能调试。
- 以小组为单位，做好 PPT 和视频并进行 5 分钟的路演。
- 培养团队合作能力。

  ## 建议课时

8 课时

一 项目发布

机械手臂是机器人技术领域中最广泛实际应用的自动化机械装置，也是最早出现的现代机器人，它能模仿人手和臂的某些动作功能，按固定程序抓取、搬运物件或操作工具，可替代人的繁重劳动以实现生产的机械化和自动化，并能在有害环境下操作以保护人生安全，在工业、医疗、娱乐、军事以及航空航天等领域都能见到它的身影。智能机械臂如图 4-1 所示。

图 4-1　智能机械臂

现在让我们来一起设计并制作一个简易的智能机械臂，要求它能拾起地上丢弃的纸团，下面让我们一起开启智能时代的大门吧！该项目的思维导图如图 4-2 所示。

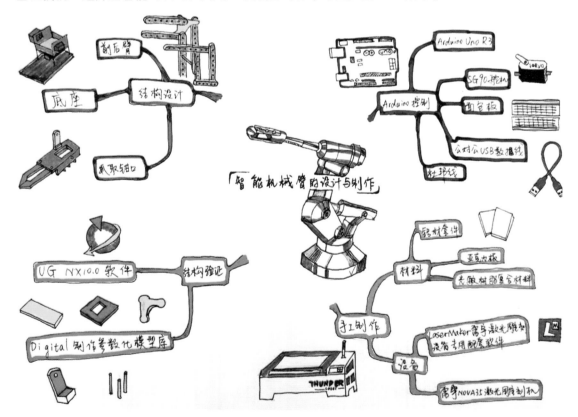

图 4-2　项目四思维导图

二 项目背景

（一）635 头脑风暴法

1. 头脑风暴法

头脑风暴法（Brain Storming），又称智力激励法、BS 法或自由思考法。它是由美国创造学家 A.F. 奥斯本于 1939 年首次提出、1953 年正式发表的一种激励创造性思维的方法，是快速、大量寻求解决问题构想的集体思考方法，A.F. 奥斯本也被称为"创造学说创造工程之父"，如图 4-3 所示。

在群体决策中，由于群体成员心理相互作用影响，易屈于权威或大多数人的意见，形成所谓的"群体思维"。群体思维削弱了群体的批判精神和创造力，损害了决策的质量。头脑风暴法可以保证群体决策的创造性，提高决策质量，改善群体决策。

头脑风暴法会议模式指运用头脑风暴法，针对某一主题组织会议，营造自由愉快、畅所欲言的气氛，让所有参加者自由提出想法或点子，并以此相互启发、相互激励、引起联想、产生共振和连锁反应，从而激发更多的创意及灵感，如图 4-4 所示。

图 4-3　A.F. 奥斯本

图 4-4　头脑风暴法会议模式

2. 头脑风暴法的实施步骤

（1）准备开始阶段　确定讨论的议题，以及参加会议的人员人数，6~10 人为最好。

（2）畅谈阶段　畅谈阶段由与会人员自由发言，不评价，不交流，发言简短。

（3）质疑阶段　对提出的方案进行系统性的质疑并加以完善。

（4）决策阶段　考虑影响方案实施的限制因素，对所提出的设想进行筛选。

3. 头脑风暴法的基本原则

（1）自由思考　要求与会者尽可能解放思想，无拘无束地思考问题并畅所欲言，不必顾虑自己的想法或说法是否"离经叛道"或"荒唐可笑"。欢迎自由奔放、异想天开的意见，必须毫无拘束，广泛地想，想法越新奇越好。

（2）拒绝批评（会后评判）　禁止与会者在会议上对他人的设想评头论足，排除评论性的判断。至于对设想的评判，留在会后进行，也不允许自谦。忌讳使用"太新奇了""没意义""不合道理""无法成功""好点子"等语句进行评判。

（3）多多益善（以量求质）　鼓励与会者尽可能多地提出设想，以大量的设想来保证质量较高的设想的存在，不必顾虑构思内容的好坏。与会者要接连不断地发言，由量变可以产生质变。

（4）"搭便车"（见解无专利）　鼓励在别人的构思的基础上借题发挥，根据别人的构思联想另一个构思，即利用一个灵感引发另外一个灵感，或者把别人的构思加以修改。

4. 635 头脑风暴法

635 头脑风暴法，又称默写式治理激励法，它是由德国学者鲁尔巴赫对奥斯本头脑风暴法进行改造而创立的用书面畅述的方法。

635 头脑风暴法的具体操作方法为召开 6 人参加的会议，主持人在会上阐明议题，发给与会者每人 3 张卡片。在第一个 5 分钟内，每人针对议题在 3 张卡片上各写上一个点子，然后传给右邻；在第二个 5 分钟内，每人从传来的卡片上得到启发，再在 3 张卡片上个写出一个点子，之后再传给右邻。这样继续下去，经过半小时可传递 6 次，共得到 108 个点子。由于这种方法 是 6 人参加，每人 3 张卡片，每次 5 分钟，因此得名"635"法，具体的操作流程如图 4-5 所示。

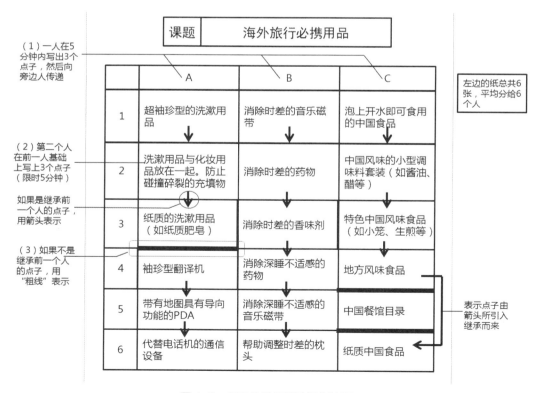

图 4-5　635 头脑风暴法操作流程

5. 635 头脑风暴激励训练

我们一起来玩两个游戏。

训练一：小鸡过马路

马路对面的草丛里有很多美味的虫子，小鸡很想吃虫子，现在马路晒得很烫，还有很多来来往往的汽车，可是虫子真好吃啊，你是小鸡的话，你会用什么办法吃到虫子呢？请填写表4-1。

创客项目一
创客项目二
创客项目三
创客项目四
创客项目五
创客项目六
附录

表 4-1 653 头脑风暴训练一

课　题	小鸡过马路		
	A	B	C
1			
2			
3			
4			
5			
6			

训练二：如何将一只大象放进冰箱

请填写表4-2。

表 4-2 653 头脑风暴训练二

课　题	如何将一只大象放进冰箱		
	A	B	C
1			
2			
3			
4			
5			
6			

（二）机械臂

机械臂是"Robot Arm"一词的中文译名。由于电影和科幻小说的影响，人们往往把机械臂想象成外貌似人的机械和电子装置。但事实并不是这样，特别是工业机械臂，与人的外貌往往毫无相似之处。根据国家标准，工业机械臂定义为"其操作机是自动控制的、可重复编程、多用途，并可以对3个以上轴进行编程。它通常有几个自由度，用以抓取或移动物体（工具或工件）。"

因此，工业机械臂可以理解为：拟人手臂、手腕和手功能的机械电子装置，可把任一物件或工具按空间位姿（位置和姿态）的时变要求进行移动，从而完成某一工业生产的作业要求。如焊接、搬运、切割、喷涂和装配等。

1. 机械臂大事件

1947 年，美国阿尔贡研究所开发了遥控机械手，在原子能实验室的恶劣环境中，用以代替人处理放射性物质；1948 年，该研究所开发了主从机械手。

1954 年，美国学者戴沃尔最早提出了工业机器人的概念，并申请了专利。

1958 年，美国联合控制公司研制出第一台机械手铆接机器人。

1962 年，美国 AMF 公司推出的"VERSTRAN"和美国 UNIMATION 公司推出"UNIMATE"工业机器人，主要由类似人的手和臂组成，可代替人的繁重劳动，以实现生产的机械化和自动化。

1978 年，美国 UNIMATION 公司推出通用工业机器人"PUMA"，这标志着工业机器人技术已经完全成熟。

2. 机械臂的发展

第一代机械臂，即按实现示教的位置和姿态进行重复动作的机械。它也简称为示教 / 再现方式的机械臂或是 T/P 方式的机械臂。目前国际上使用的机械臂大多仍是这种工作方式。由于这种工作方式只能按照实现示教的位置和姿态进行重复的动作，而对周围环境无感知功能，其应用范围受到一定的限制，主要应用于材料的搬运、喷漆、电焊等工作。焊接机器臂如图 4-6 所示。

图 4-6　焊接机器臂

第二代机械臂，即具有如视觉、触觉等外部感觉功能的机械臂。这种机械臂由于具有对外部的感觉功能，因此可以根据外界的情况修改自身的动作，从而完成较为复杂的动作。

第三代机械臂除了具有外部感觉功能，还具有规划和决策能力，从而可以适应环境的变化而自主进行工作。

3. 机械臂的应用领域

工业机器人最早应用于汽车制造业，常用于焊接、喷漆、上下料和搬运。随着工业机器人技术应用范围的延伸和扩大，现在已可代替人从事有毒、低温和高热等恶劣环境中的工作，代替人完成繁重、单调的重复劳动，并可提高劳动生产率，保证产品质量。工业机器人与数控加工中心、自动搬运小车以及自动检测系统可组成柔性制造系统 (FMS) 和计算机集成制造系统 (CIMS)，实现生产自动化。工业机器人主要应用于如下几个方面。

第一种是恶劣工作环境及危险工作。工业机器人可代替人，应用于压铸车间及核工业等有害于身体健康并危及生命，或不安全因素很大的，不适宜人去做的作业领域，如核工业的沸水式反应堆燃料自动交换机等，如图 4-7 所示。

第二种是特殊作业场合和极限作业。机器人可用于火山探险、深海探密和空间探索等场合，如航天飞机上用来回收卫星的操作臂、水下机器人等，如图 4-8 所示。

创客项目一
创客项目二
创客项目三
创客项目四
创客项目五
创客项目六
附录

图 4-7　燃料自动交换机

图 4-8　水下机器人

第三种是自动化生产领域。早期的工业机器人在生产上主要用于机床上下料、点焊和喷漆。随着柔性自动化的出现，机器人在自动化生产领域扮演了更重要的角色。如焊接机器人、搬运机器人（见图 4-9）检测机器人、喷涂机器人（见图 4-10）、装配机器人（见图 4-11）等。

图 4-9　搬运机器人

图 4-10　喷涂机器人

图 4-11　装配机器人

4. 机械臂的结构

机械臂主要由以下几部分组成。

1）抓取机构（或手部），包括手指、传力机构等，主要起抓取和放置物体的作用。

2）传送机构（或臂部），包括手腕、手臂等，主要起改变物件方向和位置的作用。

3）驱动部分，是前两部分的动力，也称为动力源，常用的有液压、气压、电力等驱动形式。

4）控制部分，它是机械手动作的指挥系统，由它来控制动作的顺序、位置和时间等。

5）其他部分，如机体、行走机构、行程检测装置和传感装置等。

根据机械手的运动坐标形式，可将机械手分为以下几类。

第一类是直角坐标式机械手，如图 4-12a 所示。手臂在直角坐标系的三个坐标轴方向作直线移动，即手臂的前后伸缩、升降和左右移动。这种坐标式机械手占据空间大，工作范围相对较小，惯性大，适用于工作位置呈直线排列的情况。

第二类是圆柱坐标式机械手，如图 4-12b 所示。手臂作前后伸缩、升降和在水平面内摆动的动作。与直角坐标式机械手相比，其所占空间较小而工作范围较大，但由于结构的关系，高度方向上的最低位置受到限制，所以不能抓取地面上的物体，惯性也比较大。这是机械手中应用较广的一种运动坐标形式。

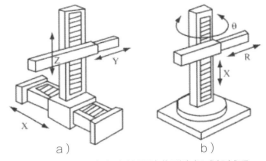

a）　　　　　　　b）

图 4-12　三自由度的两种典型坐标式机械手
a）直角坐标式机械手　b）圆柱坐标式机械手

　　第三类是极坐标式机械手，如图 4-13 所示。手臂作前后伸缩、上下俯仰和左右摆动的动作。其最大特点是以简单的机构得到较大的工作范围，并可抓取地面上的物体。其运动惯性较小，但手臂摆角的误差会通过手臂引起放大。

　　第四类是多关节式机械手，如图 4-14 所示。其手臂分为大臂和小臂两段，大小臂之间由肘关节连接，而大臂与立柱之间又连接成肩关节，再加上手腕与小臂之间的腕关节，多关节式机械手可以完成近乎人手的动作。多关节式机械手动作灵活，运动惯性小，能抓取紧靠机座的工件，并能绕过障碍物进行工作。多关节式机械手适应性广，在引入计算机控制后，它的动作控制既可由程序完成，又可通过记忆仿真完成。

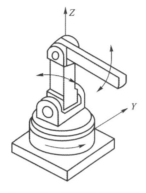

图 4-13　极坐标式机械手　　　　　　图 4-14　多关节式机械手

三　材料、工具、软件和设备

项目材料清单见表 4-3。工具、软件和设备清单见表 4-4。

表 4-3　项目材料清单

名　称	数　量	说　明
亚克力板	2 块	210mm×297mm
控制器	1 个	Arduino UNO R3
舵机	4 个	SG90
M3 螺栓螺母	若干个	长度根据设计而定
面包板	1 块	
杜邦线	若干根	公对公

注：以上所有材料均可在网上购买。

创客项目一

创客项目二

创客项目三

创客项目四

创客项目五

创客项目六

附　录

表 4-4　工具、软件和设备清单

名　称	版本 / 型号	附　录
LaserMaker	雷宇激光雕刻设备专用配套软件	A
Arduino IDE	Arduino 集成开发环境（IDE）软件，使用 1.8.10 版本	A
UG 软件	NX10.0	A
激光切割雕刻机	雷宇 NOVA35 激光切割雕刻机	B
3D 打印机	Formlabs　Form2	B

注：以上所有设备可在全球 fablab 中使用，中南地区 fablab 湖南机电职业技术学院免费使用（附录 A、
附录 B）。

四　创客活动一：智能机械臂结构设计

为了让我们的制作具有趣味性，我们借鉴了英国的 Mime Industries 团队推出的一套整合树莓派、可以自己动手组装操作的简易机械手臂——MeArm Pi 模型，如图 4-15 所示。

接下来大家就请大家开始自己的设计吧！

图 4-15　MeArm Pi 模型

□ 环节一：自由分组

6 人为一组，请把小组成员的签名填入表 4-5，并为你们小组取一个响亮的名字吧！

表 4-5　分组讨论表

小组名称	
小组成员	

☐ 环节二：结构设计

浏览项目背景，了解智能机械臂的相关知识，结合模型库提供的三维模型，利用 653 头脑风暴法，完成本小组的机械臂结构设计，填写表 4-6。

表 4-6　智能机械臂结构设计

课　题	智能机械臂结构设计		
说明：请对智能机械臂的底座、手臂与抓手结构进行设计			
	A（底座）	B（手臂）	C（抓手）
1			
2			
3			
4			
5			
6			

☐ 环节三：方案评价

根据 635 头脑风暴法进行小组成员方案讨论，将方案评价写在表 4-7 中。

表 4-7　组内方案评价

方案评价 （说明：请在"是"相对应的表格中画√）				
结构名称		结构是否合理	操作是否可行	制作是否方便
底座结构方案	A1			
	A2			
	A3			
	A4			
	A5			
	A6			
手臂结构方案	B1			
	B2			
	B3			
	B4			
	B5			
	B6			

创客项目一

创客项目二

创客项目三

创客项目四

创客项目五

创客项目六

附　录

方案评价
（说明：请在"是"相对应的表格中画√）

结构名称		结构是否合理	操作是否可行	制作是否方便
抓手结构方案	C1			
	C2			
	C3			
	C4			
	C5			
	C6			

□　**环节四：方案决策**

请将最终确定方案写在表 4-8 中。

表 4-8　智能机械臂结构方案

智能机械臂结构方案	
底座结构方案	
手臂结构方案	
抓手结构方案	

□　**环节五：绘制草图**

现在请将各小组的机器臂结构草图绘制在表 4-9 的空白处！

表 4-9　智能机械臂结构草图

智能机械臂结构草图

☐ 活页工单

班级：_____　　　姓名：_____

项目名称	上天入地麒麟臂——智能机械手

<table>
<tr><td rowspan="60">创客活动一：
智能机械臂结构设计</td><td colspan="6" align="center">环节一：自由分组</td></tr>
</table>

	环节一：自由分组

环节二：结构设计

635 头脑风暴法

（说明：请对智能机械臂的底座、手臂与抓手结构进行设计）

	A（底座）	B（手臂）	C（抓手）
1			
2			
3			
4			
5			
6			

环节三：方案评价

结构名称	方案序号	结构是否合理	操作是否可行	制作是否方便
底座结构方案	A1			
	A2			
	A3			
	A4			
	A5			
	A6			
手臂结构方案	B1			
	B2			
	B3			
	B4			
	B5			
	B6			
抓手结构方案	C1			
	C2			
	C3			
	C4			
	C5			
	C6			

环节四：方案决策

底座结构方案	
手臂结构方案	
抓手结构方案	

环节五：绘制草图

问题及解决

创客项目一
创客项目二
创客项目三
创客项目四
创客项目五
创客项目六
附录

微课 8
机械臂模型库的使用

五 创客活动二：智能机械臂的虚拟装配

智能机械臂的虚拟装配，需要根据各小组的结构设计，使用 UG NX10.0 软件模型库中的参数化模型，进行装配。

模型库中涵盖了 7 种参数化模型，装配时可以根据自己的需要对模型尺寸进行修改，如表 4-10 所示。

表 4-10　模型库模型种类表

模型库模型类别	
模型名称	模型图片
D1- 一字型连杆	
D2-L 型连杆	
D3- 舵机模型	
D4- 平板	
D5- 轴	
D6- 齿轮	
D7- 钳口	

如果选择D1- 一字型连杆模型，执行【菜单】/【工具】/【表达式】命令，对连杆的长度进行调整，如图4-16所示。

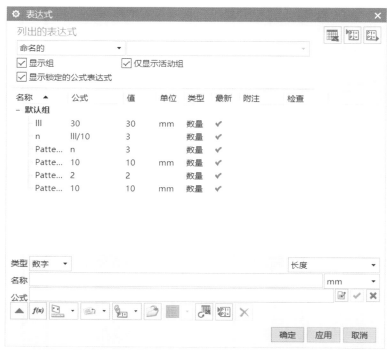

图4-16 调整连杆长度

对于齿轮模型的调整，需要执行【菜单】/【GC工具箱】/【柱齿轮】命令，对齿轮参数进行修改，如图4-17所示。根据需求修改齿轮的模数、牙数、齿宽和压力角，如图4-18所示。

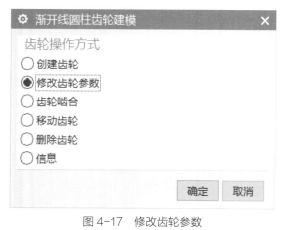

图4-17 修改齿轮参数

制作小窍门

1. 在修改机械臂各模型时采用10的整数倍尺寸。
2. 齿轮参数中的齿宽按照亚克力板的厚度确定。

图4-18 修改模数、牙数、齿宽和压力角

如图 4-9 所示，参照 MeArm Pi 机械臂模型，使用模型库中的现有模型，装配出机械臂的虚拟模型。若有新的创意与想法，也可自行设计模型。

装配完成之后进行验证，摇动手臂观察机械臂各个环节是否能正常运转，并查看是否有干涉问题。

下面来完成各小组智能机械臂的虚拟装配吧，并将装配图片上传至网络平台，在表 4-11 中列出所用零件的个数以及参数。

图 4-19　机械臂虚拟模型

表 4-11　模型需求表

模型库模型需求表		
模型名称	数　量	具体参数
D1- 一字型连杆		
D2-L 型连杆		
D3- 舵机模型		
D4- 平板		
D5- 轴		
D6- 齿轮		
D7- 钳口		
自主设计模型表		
名　称	个　数	参　数

□ 活页工单

班级：_____　　　　姓名：_____

项目名称	上天入地麒麟臂——智能机械手		
创客活动二：智能机械臂的虚拟装配	模型库模型需求表		
	模型名称	数　量	具体参数
	D1– 一字型连杆		
	D2–L 型连杆		
	D3– 舵机模型		
	D4– 平板		
	D5– 轴		
	D6– 齿轮		
	D7– 钳口		
	自主设计模型表		
	名　称	数　量	具体参数
	①模型是否能正常工作：□是　□否 ②各零部件之间是否有干涉现象：□是　□否		
问题及解决			

六　创客活动三：智能机械臂零件制作与组装

智能机械臂的制作与组装，本书采用开源的 MeArm Pi 机械臂模型的组装进行教学，大家可以根据所设计的机械臂结构制作出各个零件之后再进行组装。

□ 环节一：制作智能机械臂零件

1. 文件传输

将装配合适的机械臂各零件转化成二维图纸，并将图纸导入到 LaserMaker 软件，按照亚克力板材料设置图层与切割参数，如图 4-20 所示。设置完成后用数据线连接至计算机，插上加密狗 U 盘，待开始造物按钮亮起后单击，即将文件传入到激光切割机中，如图 4-21 所示。

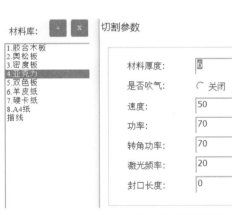

图 4-20　设置切割参数

图 4-21　激光切割机

2. 设置准备

将亚克力板放入工作区，用聚光玻璃板调整好聚光镜的高度。选中文件，单击定位、边框，查看切割范围是否合适。如一切正常，即可单击开始切割。

3. 加工制作

切割完成后，首先将聚光镜移出工作区范围，打开安全盖，拿出亚克力板，查看是否切割完成。

□ 环节二：调试舵机

按机械臂电路图（见图 4-22）和 SG90 舵机与 Arduino UNO R3 接线对照表（见图 4-43），将 Arduino 开发板与舵机连接。

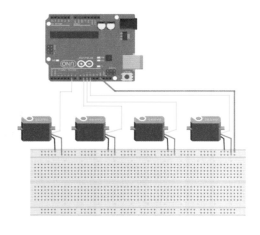

图 4-22　机械臂电路图

		Arduino UNO R3	面包板
B舵机	GND		GND
	VCC	正极	
	信号线	Pin6	
R舵机	GND		GND
	VCC	正极	
	信号线	Pin9	
R舵机	GND		GND
	VCC	正极	
	信号线	Pin10	
C舵机	GND		GND
	VCC	正极	
	信号线	Pin11	

图 4-23　接线对照表

通过智能舵机调整程序对舵机初始化，完成初始化后，将智能舵机摇臂按照图 4-24 所示装配到舵机上。

图 4-24　舵机摇臂安装示意图

制作小窍门

1. 舵机进行初始化调试后要始终保持相同状态，切不可随意旋转。这是为了保证安装出来的机械臂能处于初始位置，以此在编程中利用角度控制舵机的旋转，从而控制机械臂各关节的运动。

2. 在智能机械臂的安装过程中，不要让调整好的舵机摇臂转动，如不小心转动了已经调整好的舵机摇臂，要将其恢复至图 4-24 中的状态，或再次使用初始化程序对其进行初始化。

□ **环节三：智能机械臂的组装**

1. 舵机安装

①

底板舵机组件安装（见图 4-25）　将 B 舵机安装至 B 舵机圈和舵机板之间，并用螺栓从底部将舵机圈和舵机板固定在一起。

图 4-25　底板舵机组件安装

②

前臂舵机组件安装（见图4-26） 将舵机圈从F舵机底部插入，然后将F舵机线缆从舵机圈的方孔中穿出，并用螺栓将F舵机固定在舵机板上。将舵机摇臂与F舵机摇臂延长臂固定在一起，并适当拧紧螺钉。将组合好的舵机摇臂延长臂装在已经组装好的舵机上，并要注意装配时不要改变调整好的舵机摇臂角度，用舵机轴螺栓将长舵机臂固定在F舵机轴上。

图4-26　前臂舵机组件安装

③

后臂舵机组件安装（见图4-27） 将舵机圈从R舵机底部插入，然后将R舵机线缆从舵机圈的方孔中穿出，并用螺栓将R舵机固定在舵机板上。将舵机摇臂与R舵机摇臂延长臂固定在一起，并适当拧紧螺钉。将平行臂和组合好的舵机摇臂延长臂安装在已经组装好的舵机上，并要注意装配时不要改变调整好的舵机摇臂角度，用舵机轴螺栓将长舵机臂固定在R舵机轴上。

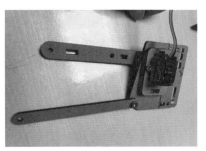

图4-27　后臂舵机组件安装

2. 底板组件安装（见图4-28）

① 将F装配板、装配板连接臂和F舵机短臂用螺栓装配在一起，保证各零件之间可灵活转动。然后将B舵机摇臂利用舵机摇臂螺钉固定在B舵机转板上，并适当地拧紧螺钉。

② 依次将机械臂前立板、舵机平行臂、装配板组件和机械臂后立板利用螺栓装配在一起。

图4-28　底板组件安装

3. 后臂组件安装（见图4-29）

① 将主臂连接板固定在平行臂上。

② 将R舵机组装套件及上一步完成的主臂连接板固定在一起。

③ 将机械臂组装件装配到B舵机上，并用预留在舵机摇臂上的舵机轴螺栓固定。安装时注意安装角度。

图4-29　后臂组件安装

4. 前臂组装安装（见图 4-30）

①用前臂连接片将前臂右板和前臂左板连接在一起，并将平行臂连接板连接在前臂右板上。

②用螺栓将连接在 R 舵机板上的平行臂末端与平行臂连接板连接在一起。

完成后确保本步骤当中组装的各部件可以自由转动。

图 4-30　前臂组件安装

5. 抓手组装（见图 4-31）

①将 C 舵机穿入舵机圈，将右腕连接片和左腕连接片插入 C 舵机圈的预留方孔中，并将 C 舵机板套在 C 舵机上，用螺栓将其固定起来。

②分别将左右钳与钳子底板固定在一起。

③舵机摇臂，C 舵机摇臂齿轮按顺序固定在 C 舵机上，并装上舵机的上下齿轮。

图 4-31　抓手组装

6. 机械臂组装（见图 4-32）

将装配好的钳子组合件与右腕连接片、前臂右板以及左腕连接片固定在一起，即完成了智能机械臂的组装。

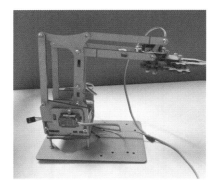

图 4-32　机械臂组装

班级：_____   姓名：_____

创客项目一

创客项目二

创客项目三

创客项目四

创客项目五

创客项目六

附　录

项目名称	上天入地麒麟臂——智能机械手		
创客活动三：智能机械臂零件制作与组装	环节一：制作智能机械臂零件		
	底板结构件制作	材料	
		工具软件	
	手臂结构件制作	材料	
		工具软件	
	抓手结构件制作	材料	
		工具软件	
	环节二：调试舵机		
	① 底板舵机安装是否完成：□是　□否 ② 前臂舵机安装是否完成：□是　□否 ③ 后臂舵机安装是否完成：□是　□否 ④ 抓手舵机安装是否完成：□是　□否		
	环节三：智能机械臂的组装		
	① 前后臂安装是否能正常运转：□是　□否 ② 抓手与前臂能否正常运转：□是　□否 ③ 是否根据电路图正确安装 B 舵机电路：□是　□否 ④ 是否根据电路图正确安装 F 舵机电路：□是　□否 ⑤ 是否根据电路图正确安装 R 舵机电路：□是　□否 ⑥ 是否根据电路图正确安装 C 舵机电路：□是　□否 ⑦ 是否将主控板与面包板 GND 连通：□是　□否		
问题及解决			

二十七 创客活动四：智能机械臂程序编译与功能调试

同学们，之前我们已经完成智能机械臂硬件的设计、制作与安装，下面进行智能机械臂的控制驱动程序编译与功能调试。

▢ 环节一：程序编译

打开 Arduino 软件，用方口数据线连接计算机与主控板，将已经编写好的程序复制到软件的程序编写窗口里，如图 4-33 所示。单击【工具栏】/【开发板】，选择【Arduino】/【UNO】，单击【工具栏】/【端口号】，选择【COM 端口】。单击【√】进行验证，如无错误，单击上传，即完成驱动程序编译；如出现错误，则按照指示栏中的错误原因进行更正，直至验证正确为止。上传程序。

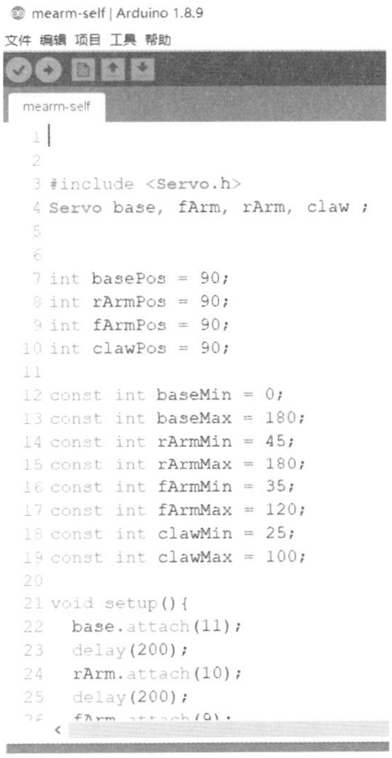

▢ 环节二：功能调试

打开串口监视器，输入指令"b120"，回车，将指令发送给机械臂，机械臂执行相应的操作。对不同的舵机发送指令，如"c50""f100"等，相应的舵机执行命令，让机械臂到达指定的位置。

但是利用串口监视器进行控制比较麻烦，而且输入的角度对于抓取的目标位置都是大约估算出来的，我们希望能通过键盘上的快捷键对其进行控制。这样需要对程序进行一些修改，然后再次上传，机械臂快捷键控制程序截图如图 4-34 所示。

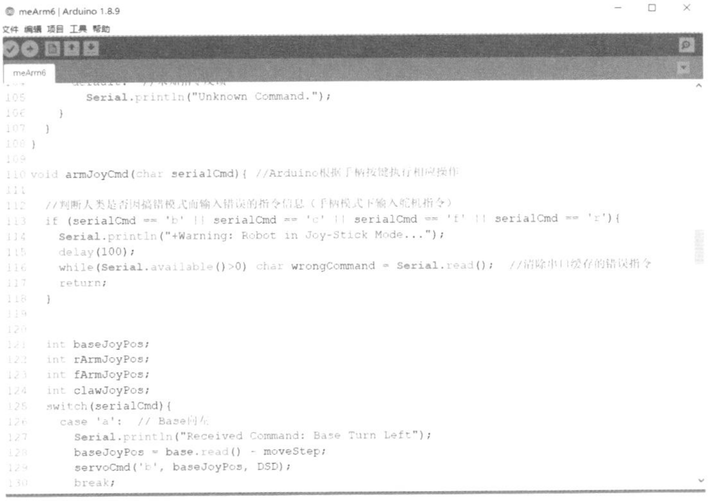

使用键盘控制机械臂运行。

1）按下键盘"A"和"D"键控制机械臂底盘转动。

2）按下键盘"S"和"W"键控制机械臂后臂转动。

3）按下键盘"8"和"5"键控制机械臂前臂转动。

4）按下键盘"6"和"4"键控制机械臂钳口张开和关闭。

图 4-33 机械臂控制程序截图

图 4-34 机械臂快捷键控制程序截图

□ 活页工单

班　级：＿＿＿＿＿＿＿＿＿＿　　　　姓　名：＿＿＿＿＿＿＿＿＿＿

项目名称	上天入地麒麟臂——智能机械手
创客活动四：智能机械臂程序编译与功能调试	环节一：程序编译
	B 舵机能否按指令运转：□是　□否 F 舵机能否按指令运转：□是　□否 R 舵机能否按指令运转：□是　□否 C 舵机能否按指令运转：□是　□否
	环节二：功能调试
	智能机械臂能否顺利抓取桌面上的纸团：□能　□不能
问题及解决	

创客项目五

速度与激情"S9"——智能小汽车

学习目标

创客活动一：智能小汽车创新思维与设计
- 以小组为单位，讨论并绘制智能小汽车结构的思维导图。
- 能使用 LaserMaker、CAD 等软件进行汽车底板的设计。
- 培养团队合作能力。
- 培养创新精神与设计能力。

创客活动二：智能小汽车制作与组装
- 能使用激光雕刻机进行底板切割。
- 能按照电路图自行安装智能汽车驱动控制模块与电路。
- 培养创新精神与动手能力。

创客活动三：智能小汽车调试与功能扩展
- 能按照控制功能进行程序编程与调试。
- 能根据电路图更改或添加智能小汽车控制功能。
- 培养创新精神与动手能力。

创客活动四：智能小汽车外观创新设计与制作
- 能使用目前已有材料对智能小汽车外观进行设计与制作。
- 以小组为单位，做好 PPT 和视频，并进行 5 分钟的路演。
- 培养创新精神和动手能力。
- 培养团队合作能力。

建议课时

8 课时

一 项目发布

智能小汽车是同学们小时候喜欢的玩具之一。随着集成电路技术的进步，智能小汽车的功能也越来越多，功能模块化是未来的发展方向，这也让智能小汽车的制作变得越来越简单。

现在让我们来一起完成小时候的梦想，设计并制作一款智能小汽车吧！该项目的思维导图如图 5-1 所示。

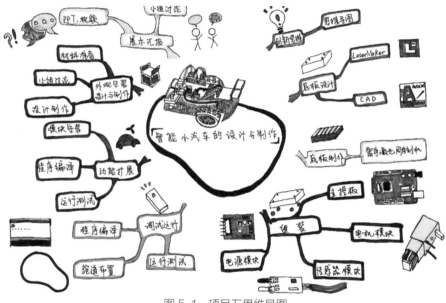

图 5-1　项目五思维导图

二 项目背景

（一）创新思维——思维导图

1. 什么是思维导图

首先我们来做个小游戏，请观看图 5-2，试一下在 30 秒内能记住几个？

热带的、橘子、带刺的、鸡尾酒、樱桃、开花、果核、香蕉、樱桃园、菠萝、黄色、加勒比海、钾、苹果、医生、走开、夏娃、馅饼、果汁、柑橘类、维生素 C

图 5-2　词汇记忆

现在，让我们用思维导图将图5-2中的词汇画出来，再进行记忆。词汇记忆思维导图如5-3所示。

图 5-3　词汇记忆思维导图

科学研究已经充分证明：人类的思维特征是呈放射性的，进入大脑的每一条信息，每一种感觉，每一个记忆或思想（包括词汇、数字、代码、味道、线条、色彩、图像、节拍、音符和纹路），都可作为一个思维分支表现出来，它呈现出来的就是放射性立体结构。

思维导图主要是借助可视化手段促进灵感的产生和创造性思维的形成。它是通过树状结构来呈现一个思维过程，将放射性思考具体化的过程。它是基于对人脑的模拟，它的整个画面正像一个人大脑的结构图，能发挥人脑整体功能。思维导图是一个很好的全脑开发工具。

2. 思维导图的优势与用途

思维导图在英国、美国、澳大利亚、新加坡等国家的教育领域也有广泛应用，在提高教学效果方面成效显著，它可以使混乱的思维流程化、图形化、清晰化，让思维能够被看得到。思维导图可以帮助人们提高记忆力，可以很好地开发大脑潜能、提高大脑的创造能力，具有很好的归纳、总结、分析能力。思维导图能够直观地、有层次地显示出篇章的组织结构、连接方式，以及一些重要的观点及事实证据，利于人的理解与表达。思维导图用途如图5-4所示。

比如，在外语学习中，我们通常可以利用思维导图做以下几件事情：

（1）记课堂笔记　能够抓住老师讲述的主题，强调的重点及要点；由于笔记内容一目了然，记忆与复习都非常方便。

（2）归纳与总结学习资料　在收集学习资料（甚至于研究资料）的过程中，可以将杂乱的学习资料按类别有条理地置放于思维导图的各要点之下，这样既可以透过现象看本质，又可以注意到要点分布的逻辑性，甚至可以推导出别人没有触及的关键点。

（3）听力练习及口译的辅助工具　在进行听力练习及口译记录时，抓住发言者的演讲框架及逻辑关系至关重要，思维导图能轻而易举地把这些关键点记录下来，从而提高听力及口译

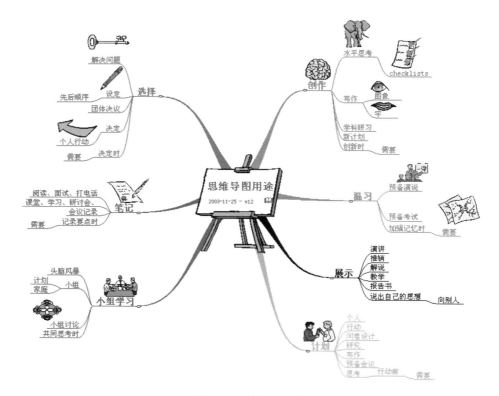

图 5-4　思维导图用途

记录的效率。

（4）组织思维，进行口语或书面表达　思维导图通过"主题—各话题句—各支撑性细节"等的枝型或卫星型结构，将所要表达的内容清晰而简洁地体现在纸上，是口语及书面表达中的一种理想的准备方式。

（5）与头脑风暴结合使用　头脑风暴能够加强认识问题的广度和深度，思维导图则可以将头脑风暴的思维结果完美地组织在一起。

（二）智能小汽车

1. 智能小汽车及其组成

智能小汽车是一种具有环境识别、自主决策及主动驾驶等多种功能的智能设备，涉及机械工程、信息技术及人工智能等技术领域。智能小汽车主要由控制器、执行器及传感器三部分组成。

（1）控制器　智能小汽车的控制器通过各类传感器接收外部信号，根据编入系统的控制程序对接收的信号进行数据处理，最终处理结果以控制信号的形式传递给执行器来执行相应的动作。

（2）执行器　智能小汽车最基本的执行器是汽车轮。执行器根据控制信号驱动智能小汽车完成相应动作，并且调整智能小汽车自身状态。

（3）传感器　智能小汽车的传感器可以识别各种外部信号，并传递给控制器，主要包括超声波传感器、红外避障传感器、寻迹传感器等多种传感器。

2. 智能小汽车的应用

（1）在军事领域的应用　随着军事技术逐渐向信息化、智能化方向快速发展，智能小汽车在军事领域逐渐显现出重要的应用价值。智能小汽车能更有效地代替士兵在核污染、生化污染等严重污染区开展军事侦察、污染物采集及危爆物品处理等危险工作，从而避免人员伤亡。此外，智能小汽车还能较隐蔽地完成监视、安全巡逻等军事任务，在提升获取信息的精准性和实时性的同时，扩大侦察范围。智能侦察小车如图 5-5 所示。

（2）在安全检测与受损评估方面的应用　在石油化工领域，智能小汽车可用于检测工业管道中存在的损伤、裂纹等缺陷，在工业管道泄漏和破损点的定位查找方面发挥着重要作用，还能检测有害化学物质泄漏（包括核泄漏检测）；在道路桥梁领域，智能小汽车能开展高速公路自动巡迹、道路质量和损坏检测分析等工作；在水利领域，智能小汽车能够完成河堤、海岸护堤及水库堤坝等重要基础设施的质量和安全性检测等工作；此外，智能小汽车还能完成高空灭火、地铁灭火、地震废墟生命探索和救援等工作。月球探测小车如图 5-6 所示。

（3）在物流运输方面的应用　智能小汽车在自动仓库、码头等物流部门也起着关键作用，适用于人类无法或不宜劳动的工作环境。例如，在基于智能技术建立的仓库中，运用智能车辆物流运输平台进行物流运输工作，既可以大幅提升货物运输效率，又能有效避免有害物质对人体可能造成的伤害。仓储货运小车如图 5-7 所示。

  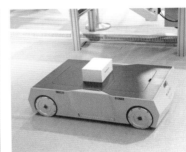

图 5-5　智能侦察小车　　　　图 5-6　月球探测小车　　　　图 5-7　仓储货运小车

3. 智能小汽车硬件电路

（1）主控板模块　主控板为 Arduino UNO，该方案对于没有编程经验的人来说会简单一些，它还可以实现图形化编程界面（Mixly），价格便宜。主控板的外形如图 5-8 所示，从图中可以看到，这块板子有 14 个数字输入 / 输出端口，6 个 PWM 端口。数字端口主要用于传递高低电平，高电平为 1，低电平为 0，红外传感器就是连接到这些端口上，通过高低电平来传递消息的；PWM 端口是在板子上标有"~"符号的端口，电动机驱动的逻辑输入端口与 PWM 端口连接，它是用来给电动机设定速度的，一般值在 0~255 之间。USB 接口通过数据线与计算机连接，便于下载程序到主板上。电源接口可以与外部 5V 或 3.3V 电源连接，要注意看板子上的标识，不可以随意接。电源接口也可以用来给传感器供电。如果电源接口不够用，可自行连接导线扩展，但也要注意不能过多，电流太大容易烧芯片。

（2）直流电动机驱动模块　直流电动机驱动模块是电动机速度和转向的控制模块，其端口连接较多，但并不复杂。如图 5-9 所示，蓝色的输出 A 和输出 B 是连接两个电动机的，分别把电动机的线接到输出 A 和输出 B。外部供电可以选择 5~35V，但一般 12V 或 9V 就足够。

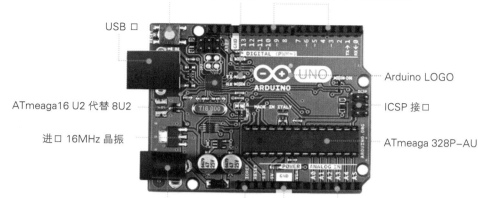

复位按键　串口状态灯　14 数字口　（6 个 PWM 输出）

USB 口

Arduino LOGO

ATmeaga16 U2 代替 8U2

ICSP 接口

进口 16MHz 晶振

ATmeaga 328P-AU

外接电源插孔　新增 OREF　电源接口　六个模拟口
　　　　　　　备用端口

图 5-8　主控板

电源正极接在图 5-9 中的 12V 供电端，负极接在供电 GND 端，用于给控制板和红外循迹传感器供电，注意负极都要接到供电 GND 端。逻辑输入这四个引脚需要跟控制板上的数字输入/输出引脚相连接，左侧两个是控制左侧电动机，而右侧两个是控制右侧电动机。

（3）红外循迹传感器模块　红外循迹传感器就像人的眼睛，是用于判断黑线的。红外循迹传感器上有两个二极管，一个是发射红外信号，另一个可以接收红外信号。当传感器下方是黑线时，黑色可以大量吸收红外信号，从而导致返回的红外信号非常微弱；当传感器下方不是黑色时，大量的红外信号被反射回来，被接收端接收，从而可以判断黑线的存在，这就是红外循迹传感器的作用原理。红外循迹传感器种类非常多，不过使用方法都是一样的，最主要的就是判断在扫描到黑线时，返回的是高电平还是低电平。红外循迹传感器模块如图 5-10 所示。有的红外循迹传感器有 3 个接线端，分别是电源正极 VCC、负极 GND、数字输出端（D0）。有的红外循迹传感器有 4 个接线端，多出的一个端口是 A0，也就是模拟输出端，这个对我们使用并不影响，我们只使用数字输出端（D0）就可以。在使用时，只需将电源端接好，把数字输出端接到主控板的数字输入/输出端口，便完成连接。

图 5-9　直流电动机驱动模块

（4）电源模块　电源采用 6 节 1.5V 电池组成的电池盒，如图 5-11 所示。

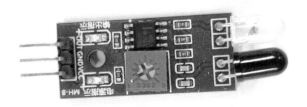

图 5-10　红外循迹传感器模块

图 5-11　电池盒

三 材料、工具、软件和设备

项目材料清单见表 5-1,工具、软件和设备清单见表 5-2。

表 5-1　项目材料清单

名　称	尺　寸	数　量	说　明
电池盒	92.5mm × 56.5mm × 16mm	1 个	塑料
电池	1.5V	6 节	南孚
Arduino 主控板	UNO R3	1 块	优创
Arduino 扩展板	与主控板匹配	1 块	优创
直流电机驱动板	与主控板匹配	1 块	优创
红外循迹传感器	10mm × 40mm	1 个	优创 5V
红外避障传感器	1.4mm × 4.6mm	3 个	优创 3.3~5V
杜邦线	2.54mm × 30mm	10 根	GRANDCHIP/ 宏图伟业
亚克力板	210mm × 150mm	1 块	底板用
彩色轻黏土	100g × 7 色	5 包	超轻黏土
亚克力板	200mm × 200mm × 5mm	2 块	透明度 98% 以上
彩纸	150mm × 150mm	50 张	得力彩色硬卡纸
七彩灯带	10.5mm × 7mm × 1000mm	2 捆	欧普
PVC 板	400mm × 300mm × 5mm	3 块	
木板	1000mm × 1000mm	3 块	厚 3~5mm 均可
圆木棒	φ5mm × 300mm	10 根	桦木
冰棍棒	60mm × 10mm × 2mm	50 个	桦木
轮胎	42mm × 19mm,孔径 3mm	4 个	塑料
电动机齿轮包	130 电动机	1 包	塑料
木方	30mm × 30mm × 60mm	5 个	松木
502 胶水	20mL	10 支	得力

注:以上所有材料均可在网上购买。

表 5-2　工具、软件和设备清单

名　称	版本 / 型号	附　录
LaserMaker	雷宇激光雕刻设备专用配套软件	A
Arduino UNO	Arduino 配套软件，使用 1.8.10 版本	A
激光切割雕刻机	雷宇 NOVA35 激光切割雕刻机	B

注：以上所有设备可在全球 fablab 中使用，中南地区 fablab 湖南机电职业技术学院免费使用（附录 A、附录 B）。

四　创客活动一：智能小汽车创新思维与设计

□ 环节一：自由分组

4~6 人一组，小组成员在表 5-3 中签名，并为你们小组取个响亮的名字吧！

表 5-3 分组讨论表

小组名称	
小组成员	

□ 环节二：小组讨论

浏览并学习项目背景，了解智能小汽车的应用。图 5-12 中列举了几种智能小汽车。以小组为单位讨论小时候玩过的智能小汽车的功能，并填写在表 5-4 内。

图 5-12　智能小汽车

创客项目一

创客项目二

创客项目三

创客项目四

创客项目五

创客项目六

附　录

表 5-4　智能小汽车功能

智能小汽车功能 1	智能小汽车功能 2	智能小汽车功能 3

▢ 环节三：思维导图绘制

1. 思维导图示范

按照思维导图的原则与步骤，绘制以"太阳"为主题的思维导图。

第一步：在纸中心画上中心图——确定中心主题，如图 5-13 所示。

原则：图形体积最大，放置在正中央，一定要切题，具有 3 种以上的色彩，所有的概念（文字、图形、符号）一律在线条上方。

图 5-13　中心图

绘制小窍门

1. 画中心图可以用简笔画。
2. 中心图视觉效果最好较为强烈，也就是要色彩鲜艳，图像稍为夸张。

第二步：画思维导图中心图主干并写上关键词，如图 5-14 所示。

原则：形状由粗到细再到点，相邻主干颜色不同，从中心主题延伸出来，线条不断。

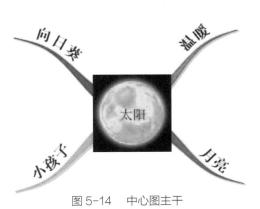

图 5-14　中心图主干

绘制小窍门

1. 一般从中心图的 1 点钟方向开始沿顺时针方向画。
2. 中心图的主干要由粗到细，就像树枝向上生长变细一样，同时要有发散感。
3. 中心图主干布局要均匀分布，这样整幅图看起来有平衡感和美感。
4. 主干长度略大于关键词的长度，就好像把文字托举起来一样，也可以用边框把字围起来。

第三步：继续发散联想，细画支干并写上关键词，如图 5-15 所示。

原则：形状为细线，颜色与主干相同，从主干延伸出来，线条不断。

绘制小窍门

1. 画支干要用曲线。

2. 线长略大于词长。

3. 每个支干上写上一个关键词。

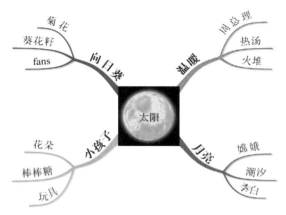

图 5-15　中心图支干

第四步：在关键词旁边画上小图、图标，如图 5-16 所示。

原则：发挥联想，突出重点，清晰明了，具有个人风格。

图 5-16　关键词

绘制小窍门

1. 小图可以用简笔画、漫画等形式。

2. 画小图的过程，就是联想、想象的过程，对记忆帮助很大。

2. 智能小汽车思维导图绘制

现在，让我们以智能小汽车的组成结构为主题，绘制思维导图吧！请将思维导图绘制到该活动的活页工单中。

创客项目一

创客项目二

创客项目三

创客项目四

创客项目五

创客项目六

附　录

☐ 环节四：底板设计

汽车底盘由传动系、行驶系、转向系和制动系四部分组成。底盘的作用是支撑、安装汽车发动机及其各部件、总成，成形汽车的整体造型，并接受发动机的动力，使汽车产生运动，保证正常行驶。

智能小汽车的底板是用于支承驱动模块、控制模块以及车轮和转向模块的，请各组按照以下要求，使用 CAD、LaserMaker 等软件进行智能小汽车底板的设计。

1. 智能汽车总体尺寸：210mmX125 mm，安装孔直径：3mm。

2. 电池盒模块设计大小：90mmx48mm，电池盒安装孔距：32mmx28mm。

3. 主控板模块设计大小：76mmx54mm，安装孔距：58mmx48mm。

4. 电动机驱动模块设计大小：44mmx44mm，安装孔距：38mmx38mm。

5. 辅助轮模块设计大小：40mmx32mm，安装孔距：32mmx25mm。

6. 车轮卡位设计大小：75mmx15mm，车轮电机卡位大小：10mmx3mm，距离15mm。

7. 传感器安装槽：35mmx5mm。

图 5-17 为智能小汽车底板设计样图，大家可以根据自己的创意与想法进行设计。

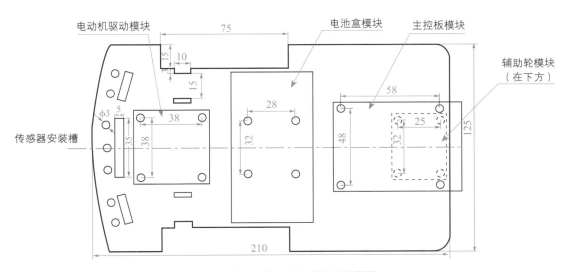

图 5-17　智能小汽车底板设计样图

接下来，使用绘图软件来完成智能小汽车的底板设计吧！

───────────────────────────

设计小窍门

1. 使用 CAD 软件绘制更便捷。

2. 除了传感器部分必须在车头位置，其余模块均可以自行设计其在底板上的分布。

───────────────────────────

□ 活页工单

班级：_____　　　姓名：_____

项目名称	速度与激情"S9"——智能小汽车		
创客活动一：智能小汽车创新思维与设计	环节一：自由分组		
	环节二：小组讨论		
	智能小汽车功能 1	智能小汽车功能 2	智能小汽车功能 3
	环节三：思维导图绘制		
	环节四：底板设计		
	① 采用的是什么绘图软件： 　□ LaserMaker　□ CAD　□其他_____ ② 设计是否符合安装要求：□是　□否 ③ 图形文件是否保存：□是　□否		
问题及解决			

五 创客活动二：智能小汽车制作与组装

◻ 环节一：底板制作

1. 文件传输

将设计好的图纸导入到 LaserMaker 软件，按照亚克力板材料设置图层与参数。设置完成后用数据线连接至计算机，插上加密狗 U 盘，待【开始造物】按钮亮起后，单击按钮，即将文件传入到激光切割机中。

2. 设置准备

将亚克力板放入工作区，用聚光玻璃板调整好聚光镜的高度。选中文件，单击【定位】和【边框】，查看切割范围是否合适。如一切正常，即可单击开始切割。

3. 加工制作

切割完成后，首先将聚光镜移出工作区范围，打开安全盖，拿出亚克力板，查看是否切割完成。使用的激光切割机切割参数如图 5-18 所示。

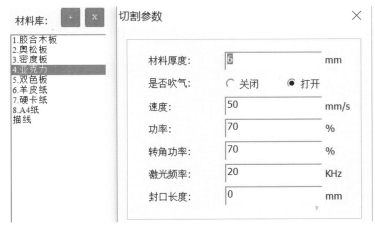

图 5-18 激光切割机切割参数

制作小窍门

在切割过程中，如果出现亚克力板切不断等问题，可以适当调整切割参数，降低速度，加大功率等。例如，速度由 50mm/s 降低至 30mm/s，功率由 70% 提升至 90%。

□ 环节二：车轮及转向模块安装

将两个车轮胎和转向模块安装在底板的车轮槽内。

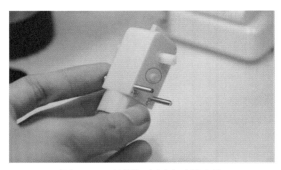

图 5-19　长螺钉穿过电动机小孔

① 长螺钉穿过电动机小孔，注意红色小圈安装完成后应朝向小车内部，如图 5-19 所示。

② 安装亚克力板框架，并用螺母固定，安装框架时，应注意框架侧面两个安装小孔的方向，如图 5-20 所示。

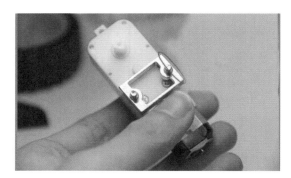

图 5-20　安装亚克力板框架

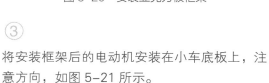

图 5-21　安装电动机

③ 将安装框架后的电动机安装在小车底板上，注意方向，如图 5-21 所示。

④ 将轮胎安装在电动机框架上，注意方向，要放置在轮胎卡槽内，如图 5-22 所示。

图 5-22　安装轮胎

⑤ 安装辅助轮，如图 5-23 所示。

⑥ 车轮及转向模块安装完成，同学们要确保小车能正常滚动，结构可靠，效果图如图 5-24 所示。

图 5-23　安装辅助轮

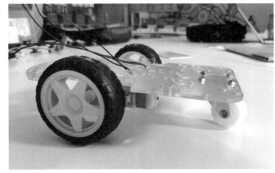

图 5-24　车轮及转向模块安装效果图

□ 环节三：驱动控制电路模块安装

按照智能小汽车硬件电路接线图（图 5-25）将各模块连接起来。

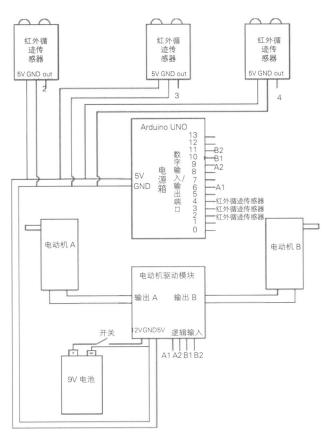

图 5-25　智能小汽车硬件电路接线

1. 安装电源模块

电源模块采用 6 节电池盒，在电池盒的四个安装孔上，用螺母与铜柱固定，安装在底板对应的孔位上，如图 5-26 所示。

图 5-26　安装电源模块

创客项目一
创客项目二
创客项目三
创客项目四
创客项目五
创客项目六
附　录

2. 安装核心控制模块（主控板）

在主控板的四个安装孔上，用螺母与铜柱固定（注意驱动元件正面朝上），安装在底板对应的孔位上，如图 5-27 所示。

3. 安装扩展板

将扩展板安装在主控板上，用于智能小汽车的功能扩展，避免出现功能扩展时主控板引脚不够的问题，如图 5-28 所示。

图 5-27　安装核心控制模块　　　　　　　　图 5-28　安装扩展板

4. 安装直流电动机驱动模块

在直流电动机驱动模块的四个安装孔上，用螺母与铜柱固定（注意驱动元件正面朝上），安装在底板对应的孔位上，如图 5-29 所示。

图 5-29　安装直流电动机驱动模块

5. 安装红外循迹传感器模块

红外循迹传感器通过螺母和铜柱固定，安装在底板的安装孔位上，将 4 根杜邦线穿过底板设计中的传感器卡槽，将带插针的一头（公头）连接传感器，将另一头（母头）连接主控板 GND/D3/D4，如图 5-30 所示。

图 5-30　安装红外循迹传感器模块

6. 安装车轮电动机电源线

将车轮电动机电源线连接在直流电动机驱动模块的接线端子上。一个车轮电动机电源线连接 OUT1/OUT2 上，另一个车轮电动机电源线连接 OUT3/OUT4。实现车轮转动，如图 5-31 所示。

图 5-31　安装车轮电动机电源线

7. 安装电源模块中的电路

将电池盒电源线中的红色正极线连接电动机驱动模块的 +12V 接线端子，将黑色负极线连接电动机驱动模块的 GND 接线端子。然后用两根杜邦线，一根连接电动机驱动模块的正极 +5V 与扩展板上的电源红 + 正极接线端子；一根连接电动机驱动模块的负极 GND 与扩展板上的电源黑—负极接线端子，实现电源模块连通，如图 5-32 所示。

图 5-32　安装电源模块中的电路

8. 安装电动机驱动模块控制线

将 4 根杜邦线连接电动机驱动模块信号端 IN1/IN2/IN3/IN4 端子与扩展板的 D8/D9/D10/D10 端子。实现电动机驱动模块控制，如图 5-33 所示。

9. 连接完成

将线路整理整齐后，即完成智能小汽车硬件电路连接，完成后的样车如图 5-34 所示。

图 5-33　安装电动机驱动模块控制线　　　　图 5-34　智能小汽车样车实物图

制作小窍门

在安装完成后存放小车时，只取出一节电池即可，不用每次安装 6 节电池。

创客项目一
创客项目二
创客项目三
创客项目四
创客项目五
创客项目六
附录

❑ 活页工单

班级：_____   姓名：_____

项目名称	速度与激情"S9"——智能小汽车
创客活动二： 智能小汽车制作 与组装	环节一：底板制作 激光雕刻机是否能正常使用：□是 □否 设计文件传输后是否正常：□是 □否 底板使用的材料：□木板 □亚克力板 □金属板 检查汽车底板的孔距是否符合设计要求：□是 □否 环节二：车轮及转向模块安装 车轮转向模块安装是否完成：□是 □否 检查车轮机构是否能够正常转向：□是 □否 环节三：驱动控制电路模块安装 是否根据电路图安装电源模块：□是 □否 是否根据电路图安装主控板：□是 □否 是否根据电路图安装扩展板：□是 □否 是否根据电路图安装直流电动机驱动模块：□是 □否 是否根据电路图安装红外循迹传感器模块：□是 □否 传感器与主控板 GND/D3/D4 接线端子是否连通：□是 □否 是否根据电路图接通车轮电动机电源线：□是 □否 电动机模块接线端子 OUT1/OUT2/OUT3/OUT4/ 是否连通：□是 □否 是否根据电路图接通电源 – 电动机线：□是 □否 是否连接电动机驱动模块与扩展板接线端子：□是 □否 是否按照步骤完成智能小汽车组装：□是 □否 安装电池后打开开关，绿灯是否正常亮起：□是 □否
问题及解决	

创客项目一

创客项目二

创客项目三

创客项目四

创客项目五

创客项目六

附 录

六 创客活动三：智能小汽车调试与功能扩展

同学们，之前我们已经完成智能小汽车硬件与控制线路的设计、制作与安装，现在进行智能小汽车的控制驱动程序编译以及智能小汽车的调试运行。

□ 环节一：程序编译

打开 Arduino 软件，用方口数据线连接计算机与主控板，将已经编写好的程序复制到软件的程序编写窗口里。单击【工具栏】/【开发板】，选择【Arduino】/【UNO】，单击【工具栏】/【端口号】，选择 COM 端口。单击√ 选项验证，如无错误，单击上传，即完成智能小汽车驱动程序编译；如出现错误，则按照指示栏中的错误原因进行更正，直至验证正确为止，如图 5-35 所示。上传完程序，拔掉数据线。

图 5-35　智能小汽车驱动程序编译

制作小窍门

在程序编译完成后，智能小汽车还未贴好跑道时，可以用手指或者黑色物品靠近传感器前方，观察车轮是否转动，如果不转动，则循迹功能没有实现。

▢ 环节二：调试运行

图 5-36　路线布置图

① 按照图 5-36 所示，用黑胶带贴好跑道路线，将智能小汽车放置到路线上。

② 打开主控板电源控制开关，智能小汽车运行，观察智能小汽车是否按照黑胶布跑道运行，并进行调试，如图 5-37 所示。

图 5-37　智能小汽车调试运行

▢ 环节三：功能扩展

我们已经完成了循迹功能的调试运行，但是 Arduino 的扩展板可以实现多种功能，如红外避障、超声波避障、蓝牙遥控、红外遥控等，下面我们以红外避障为例，在循迹的基础上加装红外避障传感器，来进行智能小汽车的功能扩展。

1. 红外避障传感器的安装

将 2 个红外避障传感器模块用螺钉和螺母安装在底板左右两侧的安装孔上。用 3 根杜邦线连接传感器模块接线端子与扩展板的 D3/D4IO 接线端子，如图 5-38 所示。

图 5-38　红外避障传感器安装

2. 程序编译

打开 Arduino 软件，用方口数据线连接计算机与主控板，将已经编写好的程序复制到软件的程序编写窗口里。单击【工具栏】/【开发板】，选择【Arduino】/【UNO】，单击【工具栏】/【端口号】，选择 COM 端口。单击√ 选项验证，如无错误，单击上传，即完成智能小汽车驱动程序编译；如出现错误，则按照指示栏中的错误原因进行更正，直至验证正确为止，如图 5-39 所示。上传完程序，拔掉数据线。

图 5-39　智能小汽车驱动程序编译

3. 调试运行

（1）调试避障距离　用十字螺丝刀拧传感器模块上的电位器，直到调节到合适的距离，使输出指示灯熄灭，即为有效避障距离。然后设置循迹路线和避障的障碍物。

（2）设置障碍物　用黑胶布设置循迹路线，然后在路线过程中添加一些障碍物。

（3）运行调试　在电池盒中装上电池，打开主控板电源开关，智能小车运行，观察智能小汽车的运行轨迹，在其碰到障碍时，是否会自动避开。

创客项目一

创客项目二

创客项目三

创客项目四

创客项目五

创客项目六

附　录

□ 活页工单

班级： _____ 　　　姓名： _____

项目名称	速度与激情"S9"——智能小汽车
创客活动三：智能小汽车调试与功能扩展	环节一：程序编译
	① 程序是否正确导入：□是　□否 ② 程序验证是否显示编译完成：□是　□否
	环节二：调试运行
	① 是否按要求贴好黑胶带跑道：□是　□否 ② 检查汽车底板的孔距是否符合设计要求：□是　□否 ③ 运行后，智能小汽车是否能正确循迹行驶：□是　□否
	环节三：功能扩展
	①是否正确地将避障传感器固定安装好：□是　□否 ②是否接通避障传感器和扩展板的 D3/D4IO 接线端子：□是　□否 ③打开电源开关避障传感器时，指示灯是否亮起：□是　□否 ④避障程序是否导入和编译正确：□是　□否 ⑤是否按要求设置好避障与循迹跑道：□是　□否 ⑥智能小汽车是否实现红外循迹与避障功能：□是　□否
问题及解决	

创客项目一
创客项目二
创客项目三
创客项目四
创客项目五
创客项目六
附录

 七　创客活动四：智能小汽车外观创新设计与制作

▢ 环节一：外观设计

汽车外观设计并不简单，要考虑结构的合理、材料的属性、风阻的降低、外形的协调等，而不仅仅是凭借天马行空的想法。一般的车企会先通过概念车来诠释自己的设计语言，得到市场反馈后再经过几年的修改、试验，才能最终定型。在这个"看脸"的时代，特别是对于一些女性来说，或许动力系统与整车配置不是首要的购车条件，车只要外观够漂亮就好。

经过前期的设计与制作，智能小汽车主体部分基本成形了，但是电线和模块都是裸露在外的，不够美观，俗话说"人靠衣装"，我们的小汽车也必须要有个好看的外形设计。现在，利用现有的材料，设计并制作小车的外观吧！

制作小窍门

同学们不用局限于准备好的材料，可以就地取材，矿泉水瓶、废旧衣服、纸张、纸盒和花草等均可以用作材料。

▢ 环节二：项目路演

以小组为单位，准备 5 分钟的路演，以 PPT 的形式向大家展示本小组的智能小汽车的思维导图、讨论方案、制作过程、测试过程与外观设计，并进行经验分享。可适当添加现在流行的短视频、特效动画等，使得效果更佳，如图 5-40 所示。路演结束后，老师根据表 5-5 所示的智能小汽车设计制作考核打分表进行打分。

图 5-40　小组讨论、演示

表 5-5　智能小汽车设计制作考核打分表

评分项目	详细内容	得　分	备　注
智能小汽车完整性 （30 分）	结构完整，模块电线安装整齐，得 27~30 分 结构完整，模块电线安装杂乱，得 20~26 分 结构不完整、模块电线安装整齐，得 12~19 分 结构不完整、模块电线安装杂乱，得 0~11 分		
功能性实现 （30 分）	能动，完全实现功能，得 27~30 分 能动，基本实现功能，得 20~26 分 能动，不能实现功能，得 12~19 分 小汽车无法运动，得 0~11 分		
外观设计 （15 分）	全车外壳设计，设计新颖，得 12~15 分 没有整车覆盖，设计新颖，得 7~11 分 没有整车覆盖，设计简陋，得 3~6 分 无设计，得 0 分		
产品创新性 （10 分）	智能小汽车在整体结构、功能实现、外观等方面按其创新性酌情打分		
路演展示 （15 分）	小组路演时，按 PPT 设计、主讲人现场表达能力、产品展示效果、小组成员状态等酌情给分		
总分			

创客项目一

创客项目二

创客项目三

创客项目四

创客项目五

创客项目六

附　录

□ **活页工单**

班级：＿＿＿＿＿＿＿＿＿　　　　　姓名：＿＿＿＿＿＿＿＿＿

项目名称	速度与激情 "S9" ——智能小汽车
创客活动四：智能小汽车外观创新设计与制作	环节一：外观设计 ①材料、工具是否准备齐全：□是　□否 ②小组讨论是否统一外观设计：□是　□否 ③是否在规定时间内制作完成：□是　□否 ④制作是否充分使用多种材料：□是　□否 ⑤外观包装是否具有创新性：□是　□否 环节二：项目路演 ①是否安排专门小组成员负责拍照、视频记录：□是　□否 ②是否安排专人负责演讲并制作 PPT：□是　□否 ③是否将照片、视频上传朋友圈、泛雅等平台：□是　□否 ④小组成员是否分工合作并齐心协力地完成项目：□是　□否 制作考核评分：＿＿＿＿＿＿＿＿＿＿＿＿
问题及解决	

万物照亮你的"美"——智能小家居

 学习目标

创客活动一：传统家居制作及升级设计

· 能完成 Arduino 控制的闪烁 LED 灯制作。

· 了解智能家居中常用的传感器类型。

· 能使用形意八卦图对传统家居产品进行升级设计。

创客活动二：简易智能家居——烟感器制作

· 了解智能家居控制技术。

· 能正确地选择和使用常用的几种传感器。

· 能使用多种集成模块传感器与 Arduino 平台联合工作，制作简单的智能家居。

创客活动三：智能家居升级——遥控 LED 灯制作

· 掌握 ESP8266 芯片的应用，能使用 ESP8266 芯片实现手机、计算机和设备的连接。

· 能运用贝壳物联等物联网平台实现 LED 灯的控制。

创客活动四：智能家居升级——实时监控环境温度设备制作

· 能运用贝壳物联等物联网平台实现温湿度传感器的监控。

· 培养团队协作能力及创新精神。

 建议课时

8 课时

项目发布

智能家居是使用物联网技术，将家中各种设备，如音视频设备、照明系统、窗帘控制、空调控制、安防系统、数字影院系统、网络家电以及三表抄送系统等连接到一起，提供家电控制、照明控制、窗帘控制、电话远程控制、室内外遥控、防盗报警、环境监测、暖通控制、红外转发以及可编程定时控制等多种功能。

现在让我们一起开始本次项目任务：传统家居制作及升级设计，设计并制作烟感器、遥控 LED 灯以及实时监控环境温度设备。该项目思维导图如图 6-1 所示。

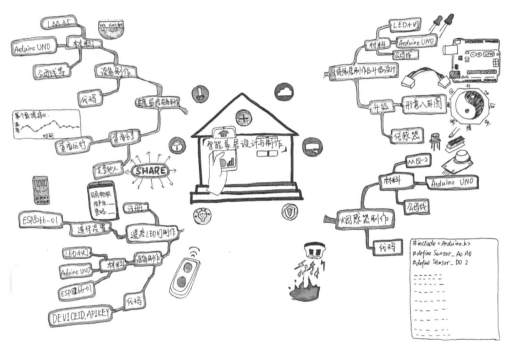

图 6-1　项目六思维导图

项目背景

（一）形意八卦图

微课 10
形意八卦图

形意八卦图是一种形象、直观、易记、本土化的创意产生工具，它是在智慧导图、SCAMPER 以及和田 12 法等创新方法的基础上，结合问题驱动的学习方法，通过反复评估和筛选，确定了 8 个原理（方向），配合 8 个简单易懂的数学符号形成的一个形象、直观、视觉化的形成创意的工具。形意八卦图有助于激发右脑思维，也有助于跳出传统思维的框架。

形意八卦图的八个符号包括人人皆知的加号、减号、增加、减少、前进、后退、等号、不等号，记为加、减、升、降、进、退、同、异，对应《易经》的咸卦、剥卦、升卦、损卦、晋卦、遯卦、随卦、革卦 8 个卦象，而且是两两相反，彼此对应，如图 6-2 所示。其实无论先天八卦，后天八卦，六十四卦、还是创意八卦都是代表不同的现象或动态的符号。形意八卦图的 8 个符号、公式和例子如表 6-1 所示。

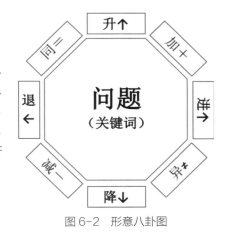

图 6-2　形意八卦图

表 6-1 形意八卦图的 8 个符号、公式和例子

符　号	创意八卦	提示和公式	例　子
+ 加	咸卦	添加、组合 A+B？	手机与照相机、衣服与心脏监控器、耳机与耳环可以合并吗？火车和轮船可以组合吗？手表可以添加其他功能吗？
− 减	剥卦	减少、去除 A−B？	收音机去掉喇叭即为 Walkman 和 ipod；供应链去掉中间环节即为直销；手机可以不用电池吗？
↑升	升卦	扩大、扩展 A↑？	普通吸尘器扩大到工业吸尘器；普通扬声器扩大到广场扬声器
↓降	损卦	缩小、简化 A↓？	从军用声呐到渔民声呐，再到钓鱼爱好者声呐；机器人缩小到血管里做手术
→进	晋卦	超前、飞跃 A→？	Phone10 到 Phone11；波音 333 到波音 777；计算机系统 windows8 到 windows10；未来高铁的时速可以超过飞机吗？
←退	遯卦	倒退、颠倒、逆向 ？←A	从现代家具到仿古家具，电动机和承尘袋颠倒的吸尘器，作业和学习颠倒的课堂（翻转课堂）
= 同	随卦	同理、借鉴、模拟 A=F（B）？	喷墨打印机（咖啡机原理）；飞机（鸟的启发）；监控（苍蝇复眼的启发）
≠异	革卦	不同角度、改变原理、替代、调整 A1≠F（B）？	手机外壳可以用黄金材料或者其他护肤材料吗？可以用传感材料直接检测心率和血压吗？可以用激光理发吗？

关于创意的产生及其工具有很多误解，例如，创意的产生来自右脑，创意是灵光一现，创意是一刹那发生的事情等。其实形意八卦图只是在创造思维过程中产生创意这个环节的一个工具而已，必须事先选择好需要解决的问题，进行充分准备和充分酝酿，识别有关问题的一些关键词，才能够更有效地发挥形意八卦图的作用。不然就会为了创意而创意，没有实际意义。形意八卦图既适合个人，也适合团队产生创意，几个人一起用，互相启发，效果更好，适合头脑风暴等形式的团队创意开发活动。使用形意八卦图后用表格整理和记录。另外，使用形意八卦图时，不是八个方向都一定会有创意产生，或许一个方向会有几个想法，或许几个方向的想法融合成一个新的想法。

（二）智能家居

智能家居（Intelligent Household）是以住宅为平台，利用综合布线技术、网络通信技术、安全防范技术、自动控制技术、音视频技术等将家居生活有关的设施集成，构建住宅设施与家庭日程事务的管理系统，提升安全性、便利性、舒适性、艺术性，并实现环保节能的居住环境。由于智能家居采用的技术标准与协议的不同，大多数智能家居系统都采用综合布线方式，但一定有对应的网络通信技术来完成所需的信号传输任务，因此网络通信技术是智能家居集成中关键的技术之一。安全防范技术是智能家居系统中必不可少的技术，在小区及户内可视对讲、家庭监控、家庭防盗报警、与家庭有关的小区一卡通等领域都有广泛的应用。自动控制技术广泛应用在智能家居控制中心、家居设备自动控制模块中，对于家庭能源的科学管理、家庭设备的日程管理都有十分重要的作用。音视频技术是实现家庭环境舒适性、艺术性的重要技术，体现在音视频集中分配、背景音乐、家庭影院等方面。智能家居系统如图 6-3 所示。

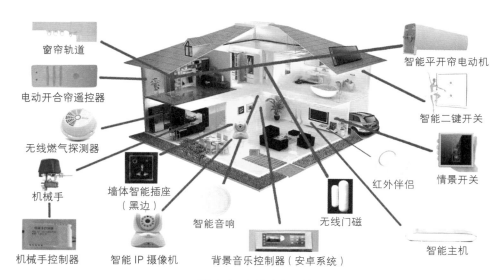

图 6-3　智能家居系统

创客项目一

创客项目二

创客项目三

创客项目四

创客项目五

创客项目六

附录

1. 智能家居的控制方式

（1）集中控制　使用一个控制器控制全屋所有设备。

（2）多点控制　同意设备用不同位置的控制器控制。

（3）预约控制　根据生活习惯进行预约。

（4）情景控制　根据生活习惯使多设备协同工作。

（5）远程控制　通过手机、计算机控制全屋设备。

2. 智能家居技术

目前市场存在的智能家居技术包括有线方式和无线方式两种。

（1）有线方式　所有的控制信号必须通过有线方式进行连接，控制器端的信号线非常多，一旦遇到问题，排查相当困难。有线方式缺点突出，如布线繁杂、工作量大、成本高、维护困难、不易组网等。这些缺点导致有线方式的智能家居只能停留在概念和试点阶段，无法大规模推广。

（2）无线方式　用于智能家居的无线系统需要满足几个特性：低功耗、稳定、易于扩展并网；但是存在的问题主要是无线传输速度较慢，不过传输速度并不是智能家居的重点。目前，无线传输主要的形式包括以下几种。

1）Wifi（Wireless Fidelity）技术。无线保真技术是短程无线传输技术之一，是由一个名为"无线以太网相容联盟"（Wireless Ethernet Compatibility Alliance，WECA）的组织发布的业界术语，通过无线路由器实现联网，可实现无线电信号在直径几百公里的范围内进行互联网接入，传输速率在 54Mbps 范围，可以支持数据传输、图像传输、语音传输以及多媒体传输等。

Wifi 技术的优势在于覆盖范围广、传输速度快、条件限制少、安全性能高、普及应用多等，但对于智能家居应用来说，缺点却很明显，如功耗高、组网专业性强。高功耗对于随时随地部署低功耗传感器是非常致命的缺陷，所以 Wifi 虽然非常普及，但在智能家居的应用中，只能起到辅助补充的作用。

Wifi 技术芯片中，这里主要介绍 ESP8266，它是一个完整且自成体系的 Wifi 网络解决方案，能够搭载软件应用，或通过另一应用处理器卸载所有 Wifi 网络功能。

ESP8266 具有功耗低、集成度高、性能强等特点。在睡眠模式下，其最小电流小于 12μA，处于连接状态时，其消耗功率少于 1.0mW。ESP8266-01 模块如图 6-4 所示。

ESP8266 的基本使用有三种模式：① STA 模式，ESP8266 模块通过路由器连接互联网，可以用手机或计算机通过互联网实现对设备的远程控制；② AP 模式，ESP8266 模块作为热点，实现手机或计算机直接与模块通信，实现互联网无线控制；③ STA+AP 模式，两种模式的共存模式，即可以通过互联网控制可实现无缝切换，方便操作。

图6-4　ESP8266-01 模块

2）蓝牙技术。蓝牙是一种支持设备短距离通信（一般10m内）的无线电技术，能在包括移动电话、PDA、无线耳机、笔记本计算机等众多设备之间进行无线信息交换。但这种技术通信距离太短，同时属于点对点通信方式，对于智能家居的要求来说不适用。

3）Zigbee。Zigbee是一种新兴的近程、低速率、低功耗的无线网络技术，主要用于近距离无线连接，具有低复杂度、低功耗、低速率、低成本、自组网、高可靠、超视距等特点，主要适用于自动控制和远程控制等领域，可以嵌入各种设备。

以上3种无线技术，从传输距离来说，Wifi ＞ Zigbee ＞蓝牙；从功耗来说，Wifi ＞蓝牙＞ Zigbee，后两者仅靠电池供电即可；从传输速率来讲，Wifi ＞蓝牙＞ Zigbee。目前来说，Wifi的优势是应用广泛，普及到千家万户；Zigbee的优势是低功耗和自组网；蓝牙的优势是传输速率高；Zigbee的优势是组网简单。然而，这3种技术也都有各自的不足，没有一种技术能完全满足智能家居的全部要求。

（三）传感器简介

1. 传感器的作用

进入物联网时代，在智能家居领域，传感器、模块、网关已经成为三大基石。其中，传感器作为物联网中一个从外界接受信息的载体，能够对周围环境的变化做出反应，如温度、声音、光照（包括红外）、距离、压力、重力、姿态、磁场、烟粉尘等，将这些环境变化转化为电信号输出，是重要的感知前端。这些传感器设备与厨房、卫生间、门窗等场景和家电联动，形成家居智能化场景，数据上传至云平台，平台根据用户设置的条件自动触发控制，从而调整设备工作状态，达到与环境互动，与世界互动的目的。可以预见，未来以智能空调、智能油烟机、智能冰箱、智能净化器为代表的智能家电传感器配套应用市场的前景十分广阔。

2. 传感器的分类

目前，智能家居中常用的传感器主要包括以下几种：

（1）温湿度传感器　温湿度传感器能够通过特殊的检测装置，检测到空气中的温湿度，并按一定的规律，变换成电信号或其他所需形式进行信息的输出。

它的应用非常广泛，凡是需要对温度变化和气体中水蒸气含量进行监控的地方，都会运用到温湿度传感器。它不仅关系到家庭环境的质量，更与人体健康紧密相连，可以说是智能家居中至关重要的一环，一般可以通过它来联动空调、净化器等。

下面就是一个利用数码控制的方法实现的一个简单的恒温器的例子。数码恒温器如图6-5所示，从数码管上可以获得当前环境的温度，如果能够做一种防潮的数码恒温器，完全可以将它放

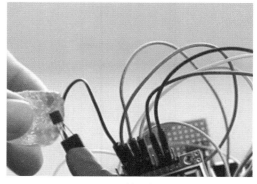

图6-5　数码恒温器

进冰箱，随时看一眼冰箱里的温度是多少（看看冰箱有多冷）。这个数码恒温器仅通过一根线（串行）输出数码恒温器的读数，而且无须单独为它供电（就使用 Arduino 供电即可），实现起来非常方便。

（2）气体传感器　气体传感器是一种将气体的成分、浓度等信息转换成可以被人员、仪器仪表、计算机等利用的信息的装置，也是智能家居的重要检测手段。在居家生活中，可燃气体以及污染气体是影响人们身体健康的重要因素。

图6-6　可燃气体传感器

在智能家居中，通过气体传感器，可实现对危险气体的分析，继而可以采取针对性的控制策略。这也是维护家庭生命财产安全，将危险消灭在未发生时期的重要环节。这类传感器一般放在厨房居多，如可燃气体传感器（如图6-6所示）、二氧化碳传感器等。

（3）红外传感器　红外传感器是以红外线为介质的测量系统，它主要通过红外辐射线与物质相互作用而发生的物理效应进行工作。在智能家居行业，它大部分情况下是利用这种相互作用所呈现出来的物理效应，来实现带红外开关的电器设备的开启与关闭。常见的红外应用产品有红外转发器，红外感应灯等。

例如，手机中红外LED灯和红外辐射光线探测器构成的距离传感器，位于手机的听筒附近，手机靠近耳朵时，系统借助距离传感器知道用户在通电话，然后会关闭显示屏，防止用户因误操作影响通话，如图6-7所示。

（4）门磁传感器　门磁传感器可用于探测门、窗等是否被非法打开或移动。这种传感器一般被安装在门或窗户上以感应门窗的开关，并配合其他智能安防产品使用，来防止危险入侵的发生。

它是由门磁主体和永磁体两部分组成，两者离开一定距离后，门磁传感器将发射无线电信号向系统终端报警，这个传感器也是智能家居中极为常见的传感器，如图6-8所示。

图6-7　手机中红外传感器的应用

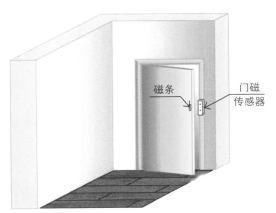

图6-8　门磁传感器

三 材料、工具、软件和设备

项目材料清单见表 6-2，工具、软件和设备清单见表 6-3。

表 6-2　项目材料清单

名　称	尺　寸	数　量	说　明
Arduino UNO R3		1 个	
ESP8266-01	固件版本 V1.1.0.0	1 个	
面包板		1 个	
杜邦线		若干根	公对公、母对公
电阻	10kΩ	2 个	德国 UHU 模型胶
LED 灯珠		1 个	
MQ-2		1 个	
LM35		1 个	

注：以上所有材料均可在网上购买。

表 6-3　工具、软件和设备清单

名　称	版本 / 型号	附　录
Arduino IDE	Arduino 集成开发环境（IDE）软件 V 1.8.10	A
贝壳物联	https：//www.bigiot.net	A

注：以上所有设备可在全球 fablab 中使用，中南地区 fablab 湖南机电职业技术学院免费使用（附录 A、附录 B）。

四 创客活动一：传统家居制作及升级设计

☐ 环节一：自由分组

4 人一组，小组成员请在表 6-4 中签名，并为你们小组取个响亮的名字吧！

表 6-4　分组讨论表

小组名称	
小组成员	

创客项目一　创客项目二　创客项目三　创客项目四　创客项目五　创客项目六　附　录

❑ 环节二：闪烁 LED 灯制作

1. 接线

LED 小灯珠是 LED 灯泡发光二极管的简称，电压在 3V 左右，在两个引脚中长脚接电源正极，短脚接电源负极，如图 6-9 所示。

LED 灯珠与 Arduino 板接线对照表如表 6-5 所示。为了避免二极管因直接接入电源被烧坏，在电路中串联一个 10kΩ 电阻。LED 小灯珠接线图和实物接线图分别如图 6-10 和图 6-11 所示。

图 6-9　LED 小灯珠

表 6-5　LED 灯与 Arduino UNO R3 接线对照表

LED 灯	电　阻	Arduino UNO R3
正极	10kΩ	Pin8
负极	无	GND

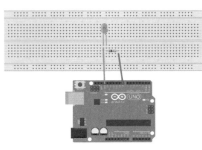

图 6-10　LED 小灯珠接线图

图 6-11　LED 小灯珠实物接线图

2. 输入代码

打开 Arduino IDE，在菜单栏中找到【文件】/【示例】/【Basics】/【Blink】，如图 6-12 所示。

图 6-12　打开内置示例 "Blink"

或者输入以下代码：

```
void setup() {
  // initialize digital pin LED_BUILTIN as an output.
  pinMode(LED_BUILTIN，OUTPUT)；
}


// the loop function runs over and over again forever
void loop() {
  digitalWrite(LED_BUILTIN，HIGH)；    // turn the LED on (HIGH is the voltage level)
  delay(1000)；                        // wait for a second
  digitalWrite(LED_BUILTIN，LOW)；     // turn the LED off by making the voltage LOW
  delay(1000)；                        // wait for a second
}
```

3. 验证并上传

验证代码是否正确。验证代码无误后，在【工具】中检查 Arduino 板的版本和端口是否正确，上传代码至 Arduino 板，如图 6-13 所示。

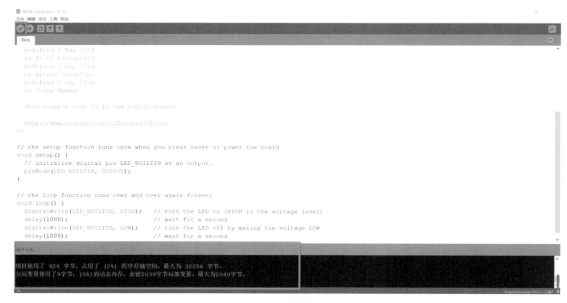

图 6-13 验证代码

4. 运行

上传后代码后，发现 LED 小灯珠以 1000ms 为间隔开始闪烁，如果希望修改闪烁间隔时间，可调整代码中两个时间：delay（1000），如图 6-14 所示。

在制作过程中，请同学们逐项填写该活动的活页工单。

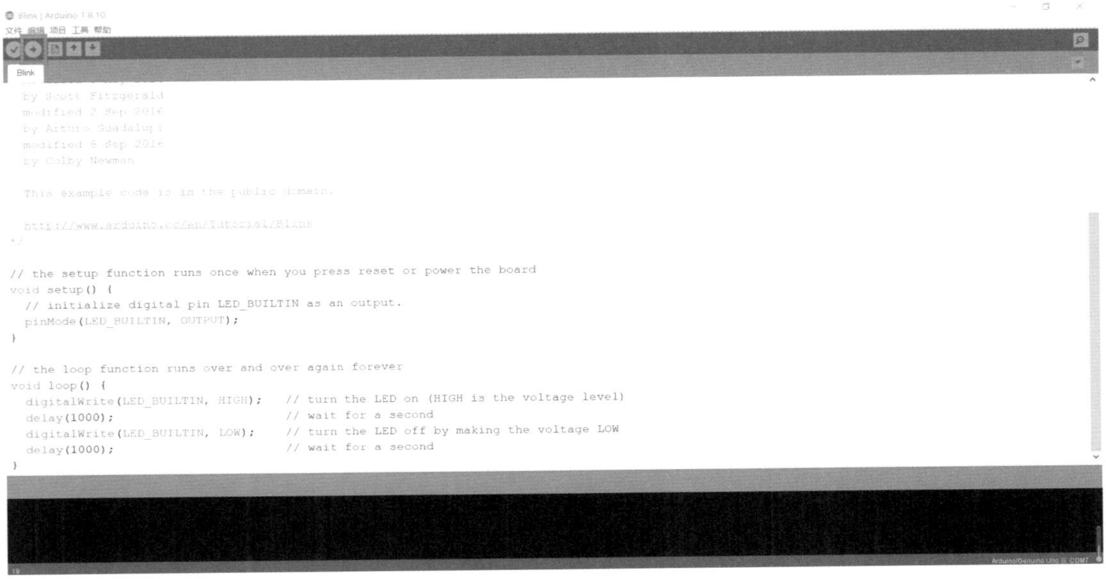

图 6-14　修改闪烁间隔时间

□ 环节三：传统家居升级设计

1. 小组活动一：以一款传统家居为中心词汇，运用形意八卦图对它进行升级吧！
请同学们边讨论，边填写活页工单。
2. 小组活动二：选择你们所设计的形意八卦图中的一种升级家居，绘制设计概念图，并讨论使用到的智能家居技术和传感器。
请同学们边讨论，边填写活页工单。

□ 活页工单

班级：_____　　　　　姓名：_____

项目名称	万物照亮你的"美"——智能小家居
	环节一：自由分组
	环节二：闪烁 LED 灯制作
	① 接线是否正确：　□是　□否 ② 代码是否正确：　□是　□否 ③ 是否成功验证并上传：　□是　□否 ④ 运行是否成功：　□是　□否
	环节三：传统家居升级设计
创客活动一： 传统家居制作及 升级设计	
问题及解决	

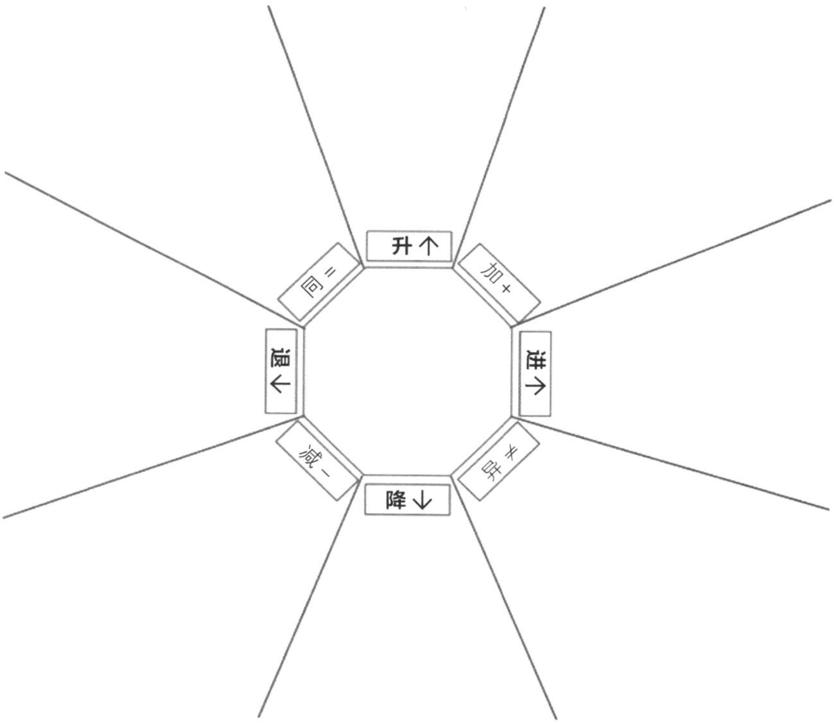

五 创客活动二：简易智能家居——烟感器制作

物联网烟雾探测系统以 MQ-2 烟雾传感器作为感知系统，若附近有烟雾，被烟雾传感器感应到，则蜂鸣器发出蜂鸣声，红色 LED 指示灯被点亮，并且将会在创建的网页上显示警告。可以使用移动设备如计算机、手机等访问此网页。

◻ 环节一：设备制作

1. 接线

MQ-2 烟雾传感器（以下简称为 MQ-2）常用于家庭和工厂的气体泄漏监测装置，它是基于 QM-NG1 探头的气体传感器，QM-NG1 是采用目前国际上工艺最成熟，生产规模最大的 SnO_2 材料作为敏感基体制作的广谱性气体传感器，如图 6-15 所示。

MQ-2 可进行多种气体探测，如液化气、苯、烷、酒精、氢气、烟雾等。MQ-2 的探测范围极其广泛，优点有灵敏度高、响应快、稳定性好、寿命长、驱动电路简单等。

在使用 MQ-2 时应注意，传感器通电后，需要预热 20 秒左右，测量的数据才会稳定。由于传感器工作时需要内部电热丝加热，所以传感器发热属于正常现象。

MQ-2 与 Arduino UNO R3 接线对照表如表 6-6 所示。

图 6-15　MQ-2 烟雾传感器

表 6-6　MQ-2 与 Arduino UNO R3 接线对照表

MQ-2	Arduino UNO R3
VCC	5V
GND	GND
DO	2
AO	A0

MQ-2 接线图与实物接线图分别如图 6-16 和图 6-17 所示。

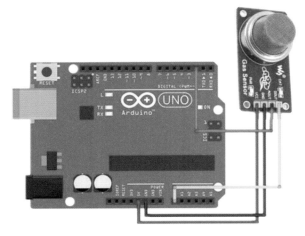

图 6-16　MQ-2 接线图

图 6-17　MQ-2 实物接线图

2. 上传代码

```
#include <Arduino.h>

#define Sensor_AO A0
#define Sensor_DO 2

unsigned int sensorValue = 0;

void setup()
{
  pinMode(Sensor_DO，INPUT);
  Serial.begin(9600);
}

void loop()
{
  sensorValue = analogRead(Sensor_AO);
  Serial.print("Sensor AD Value =");
  Serial.println(sensorValue);

  if (digitalRead(Sensor_DO) == LOW)
  {
    Serial.println("Alarm!");
  }
```

```
  delay(1000);
}
```

用 Arduino IDE 打开上述代码，填入"Sensor AD Value ="中的数值，即传感器监测到的危险气体浓度阈值。

□ **环节二：查看数据**

打开串口监视器，波特率设置成与程序中相一致的 9600。监视器中将显示 AO 引脚输出电压对应的 AD 模拟量，当气体浓度高于设定的阈值时，输出报警提示，如图 6-18 所示。

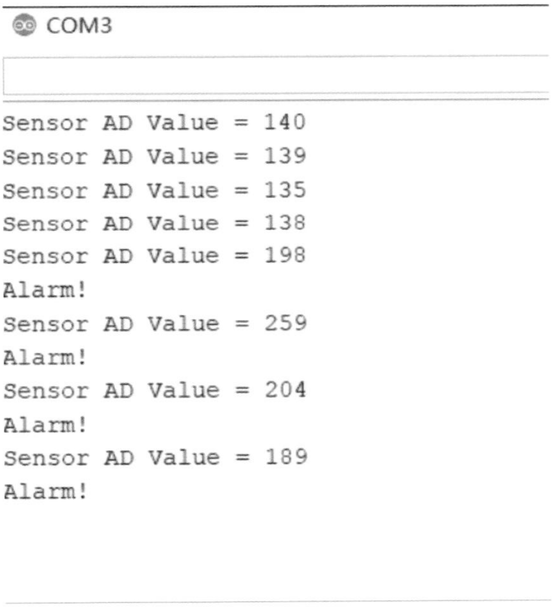

```
COM3

Sensor AD Value = 140
Sensor AD Value = 139
Sensor AD Value = 135
Sensor AD Value = 138
Sensor AD Value = 198
Alarm!
Sensor AD Value = 259
Alarm!
Sensor AD Value = 204
Alarm!
Sensor AD Value = 189
Alarm!
```

图 6-18　查看数据

在制作过程中，请同学们逐项填写活页工单。

╭─────────────╮
│ 制作小窍门 │
╰─────────────╯

在制作烟雾报警器时，可以配合使用声光报警器等设备进行升级。

1. 接入蜂鸣器，或者 LED 小灯，当气体浓度高于设定的阈值时，蜂鸣器报警，LED 小灯闪烁。

2. 接入 ESP8266 模块，创建报警网页，用手机、计算机等访问网页查看情况。

□ 活页工单

班级: _____ 　　　　　 姓名: _____

项目名称	万物照亮你的"美"——智能小家居	
创客活动二:简易智能家居——烟感器制作	环节一: 设备制作	
	接线	上传代码
	MQ-2 接线是否正确:　□是　□否	设置阈值: Sensor AD Value =_____ 是否成功验证并上传:　□是　□否
	环节二: 查看数据	
	串口监视器波特率调整:　□是　□否 串口监视器监测内容抄写:	
问题及解决		

六 创客活动三：智能家居升级——遥控 LED 灯制作

遥控 LED 设备以 Arduino UNO R3 通过 ESP8266-01 连接贝壳物联，服务器远程控制 LED 灯点亮和熄灭，并将结果反馈至控制界面。

☐ 环节一：注册账号

本活动基于贝壳物联免费物联网云平台实现家居智能控制，需要登录贝壳物联（https：//www.bigiot.net/），注册会员，如图 6-19 所示。或者在微信小程序中搜索贝壳物联，注册及登录，如图 6-20 所示。

图 6-19 贝壳物联网页

图 6-20 贝壳物联微信小程序

☐ 环节二：透传设置

1. 接线

利用 ESP8266 的透传功能（即透明传输功能），Host 通过 uart 将数据发给 ESP8266，ESP8266 再通过无线网络将数据传出去；ESP8266 通过无线网络接收到的数据，同理通过 uart 传到 Host。ESP 只负责将数据传到目标地址，不对数据进行处理，发送方和接收方的数据内容、长度完全一致，传输过程就好像透明一样。

ESP8266-01 是物美价廉的串口透传模块，先将 ESP8266-01 连接在 Arduino 的虚拟串口上，通过 Arduino 自动执行手动设置代码，ESP8266-01 各引脚位置如图 6-21 所示，接线对照表如表 6-7 所示，ESP8266-01 接线图如图 6-22 所示。

表 6-7　ESP8266 与 Arduino UNO R3 接线对照表

ESP8266-01	电　阻	Arduino UNO R3
VCC	无	3.3V
GND	无	GND
RXD	无	3
TXD	无	2
CH_PD	10kΩ	3.3V

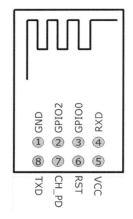

图 6-21　ESP8266-01 引脚位置

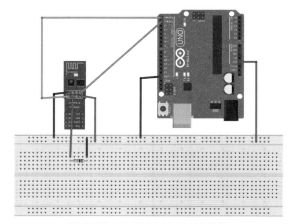

图 6-22　ESP8266-01 接线图

2. 上传代码

固件版本在 V1.0 以上时，使用代码如下，该代码设置 ESP8266-01 自动进入透传模式，并重启自动连接贝壳物联平台。

```
#include <SoftwareSerial.h>
SoftwareSerial mySerial(2，3);  // 设置模拟串口针脚 (RX，TX)
//============= 此处必须修改 ===================
String WiFiSSID = "xxxx";// 填写路由器名称 =======
String WiFiPASSWORD = "xxxxxxxx";// 填写 WiFi 密码 ===
//============================================
int flag = 0;
void setup() {
```

```
  Serial.begin(9600);
  mySerial.begin(115200);
}
void loop() {
  if(flag == 0){
  Serial.println("waiting start");
  //ESP8266 通电启动等待
  delay(10000);
  Serial.println("setting start");
  // 如果是透传模式，退出透传
  Serial.println("exit pass-through mode");
  mySerial.print("+++");
  delay(1000);
  mySerial.print("AT\r\n");
  delay(1000);
  printmssage();
  // 关闭回显命令
  mySerial.print("ATE0\r\n");
  delay(1000);
  printmssage();
  // 设置 WiFi 应用模式为兼容模式
  Serial.println("choose station mode");
  mySerial.print("AT+CWMODE=3\r\n");
  delay(2000);
  printmssage();
  // 连接到无线路由器
  Serial.println("connect wireless router");
  mySerial.print("AT+CWJAP=\"");
  mySerial.print(WiFiSSID);
  mySerial.print("\", \"");
  mySerial.print(WiFiPASSWORD);
  mySerial.print("\"\r\n");
  delay(20000); // 此处需根据路由器连接速度设置 delay 的时间，可适当加长
  printmssage();
  // 设置为单连接
  mySerial.print("AT+CIPMUX=0\r\n");
  delay(1000);
  printmssage();
  // 设置模块传输模式为透传模式
  Serial.println("choose pass-through mode");
```

```
mySerial.print("AT+CIPMODE=1\r\n");
delay(1000);
printmssage();
// 连接贝壳物联服务器
Serial.println("connect bigiot.net and save translink");
mySerial.print("AT+SAVETRANSLINK=1,\"121.42.180.30\",8181,\"TCP\"\r\n");
delay(20000); // 此处需根据网络连接速度设置 delay 的时间，可适当加长
printmssage();
// 重启
Serial.println("restarting...");
mySerial.print("AT+RST\r\n");
flag=1;
}
  printmssage();
}
void printmssage(){
  if (mySerial.available()){
    Serial.println(mySerial.readStringUntil('\n'));
  }
}
```

用 Arduino IDE 打开上述代码，将其中的 WiFiSSID（路由器名称）、WiFiPASSWORD（WiFi 密码）修改为当前可用，上传至 Arduino 板，随后将 Arduino 和 ESP8266-01 同时断电重启。

打开串口监视器，当看到 "｛"M"："WELCOME TO BIGIOT"｝" 说明设置成功。设置成功后一定要断电重启几次 ESP8266-01，看是否每次都能进入透传模式并收到"｛"M"："WELCOME TO BIGIOT"｝"，如图 6-23 所示，以确定稳定性。

图 6-23　打开串口监视器观察设置是否成功

制作小窍门

设置完成后，串口监视器若出现图 6-24 所示情况，应考虑以下几点：

1. 针脚是否对应，接线是否正确，WiFi 模块供电是否充足（笔记本式计算机的 USB 口往往供电不足）。

2. 模块固件、硬件是否有问题。

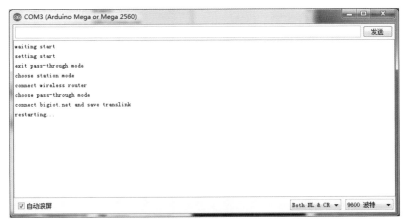

图 6-24　串口监视显示网络连接不成功

□ **环节三：遥控 LED 灯制作**

1. 接线

ESP8266-01 与 Arduino 板接线对照表如表 6-8 所示。

表 6-8　ESP8266-01 与 Arduino UNO R3 接线对照表

ESP8266-01	电　阻	Arduino UNO R3
VCC	无	3.3V
GND	无	GND
RXD	无	TX
TXD	无	RX
CH_PD	10kΩ	3.3V

LED 小灯珠与 Arduino 板接线对照表如表 6-9 所示。

表 6-9　LED 灯与 Arduino UNO R3 接线对照表

LED 灯	电　阻	Arduino UNO R3
正极	10kΩ	Pin4
负极	无	GND

ESP8266-01 和 LED 小灯珠接线图与实物接线图分别如图 6-25 和图 6-26 所示。

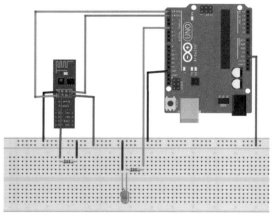

图 6-25　ESP8266-01 和 LED 小灯珠接线图　　　图 6-26　ESP8266-01 和 LED 小灯珠实物接线图

2. 上传代码

添加 aJson 库文件，将 aJson 文件夹全部复制到 Arduino 的库文件夹内，通常库文件夹位于【Arduino】/【libraries】。

打开 Arduino IDE，输入代码如下，检验并上传至 Arduino 板。

```
#include <aJSON.h>
//============= 此处必须修改 =============
String DEVICEID = "xxxxx";  // 你的设备 ID   ==
String  APIKEY = "xxxxxxxx";  //设备密码 =
//======================================

const int LED = 4; // LED 正极连接针脚 4
unsigned long lastCheckStatusTime = 0;  // 记录上次报到时间
const unsigned long postingInterval = 40000;  // 每隔 40 秒向服务器报到一次
unsigned long checkoutTime = 0; // 登出时间

void setup() {
 pinMode(LED，OUTPUT);
 Serial.begin(115200);
 delay(5000); // 等一会儿 ESP8266
}
void loop() {
 // 每一定时间查询一次设备在线状态，同时替代心跳
 if (millis() - lastCheckStatusTime > postingInterval) {
```

```
      checkStatus();
    }
    //checkout 50ms 后 checkin
    if ( checkoutTime != 0 && millis() − checkoutTime > 50 ) {
      checkIn();
      checkoutTime = 0;
    }
    // 读取串口信息
    while (Serial.available()) {
      String inputString = Serial.readStringUntil('\n');
      // 检测 json 数据是否完整
      int jsonBeginAt = inputString.indexOf("{");
      int jsonEndAt = inputString.lastIndexOf("}");
      if (jsonBeginAt != −1 && jsonEndAt != −1) {
        // 净化 json 数据
        inputString = inputString.substring(jsonBeginAt, jsonEndAt + 1);
        int len = inputString.length() + 1;
        char jsonString[len];
        inputString.toCharArray(jsonString, len);
        aJsonObject *msg = aJson.parse(jsonString);
        processMessage(msg);
        aJson.deleteItem(msg);
      }
    }
}
// 设备登录
//{"M": "checkin", "ID": "xx1", "K": "xx2"}\n
void checkIn() {
  Serial.print("{\"M\": \"checkin\", \"ID\": \"");
  Serial.print(DEVICEID);
  Serial.print("\", \"K\": \"");
  Serial.print(APIKEY);
  Serial.print("\"}\r\n");
}
// 处理网络接收到到指令，执行相关动作
void processMessage(aJsonObject *msg) {
  aJsonObject* method = aJson.getObjectItem(msg, "M");
  if (!method) {
```

创客项目一
创客项目二
创客项目三
创客项目四
创客项目五
创客项目六
附　录

```cpp
      return;
    }
  String M = method->valuestring;
  if (M == "WELCOME TO BIGIOT") {
    checkOut();
    checkoutTime = millis();
    return;
  }
  if (M == "connected") {
    checkIn();
  }
  if (M == "say") {
    aJsonObject* content = aJson.getObjectItem(msg, "C");
    aJsonObject* client_id = aJson.getObjectItem(msg, "ID");
    String C = content->valuestring;
    String F_C_ID = client_id->valuestring;
    if (C == "play") {
      digitalWrite(LED, HIGH);
      say(F_C_ID, "LED on!");
    }
    if (C == "stop") {
      digitalWrite(LED, LOW);
      say(F_C_ID, "LED off!");
    }
  }
}


// 发送 say 指令，用于设备与用户、设备与设备间通信
//{"M":"say","ID":"xx1","C":"xx2","SIGN":"xx3"}\n
void say(String ID, String c) {
  Serial.print("{\"M\":\"say\",\"ID\":\"");
  Serial.print(ID);
  Serial.print("\",\"C\":\"");
  Serial.print(c);
  Serial.print("\"}\r\n");
}
// 强制设备下线，用消除设备掉线延时
//{"M":"checkout","ID":"xx1","K":"xx2"}\n
```

```
void checkOut() {
  Serial.print("{\"M\": \"checkout\", \"ID\": \"");
  Serial.print(DEVICEID);
  Serial.print("\", \"K\": \"");
  Serial.print(APIKEY);
  Serial.print("\"}\n");
}
// 查询设备在线状态
//{"M": "status"}\n
void checkStatus() {
  Serial.print("{\"M\": \"status\"}\n");
  lastCheckStatusTime = millis();
}
```

修改代码中 DEVICEID、APIKEY 两个参数，其具体数据可在贝壳物联的的账号登录页面查询到，如图 6-27 所示。

图 6-27　DEVICEID、APIKEY 参数数据

制作小窍门

1．上传代码时应断开 Arduino 板 TX、RX 连接线，否则代码无法上传成功。

2．代码上传完成，断电连接 TX、RX 连接线，再通电启动。

3．启动后最好不要打开 Arduino IDE 的串口监视器，因为串口监视是从 Arduino 板的串口获取信息，此时 Arduino 板的串口与 ESP8266 通信，互相之间可能会产生影响。

☐ 环节四：验证和演示

以上步骤完成后，设备即与贝壳物联平台连接成功，可通过贝壳物联网页和微信小程序对LED灯进行控制。打开网页左侧菜单栏的【智能设备】选项，单击【设备对话】，在网页中显示【当前在线设备】，【xxxx（用户名）的第一个设备】即为 LED 灯设备。

在【命令输入】中选择命令发送目标为【xxxx 的第一个设备】，在指令发送区输入【play】，单击【发送】，LED 灯即可点亮。输入【stop】，单击【发送】，LED 灯即熄灭。

或者使用手机微信小程序，在线设备中单击【xxxx 的第一个设备】，出现在线设备控制面板，如图 6-28 所示，通过【play】和【stop】按键进行小灯控制。

在制作过程中，请同学们逐项填写该活动的活页工单。

图 6-28　在线设备控制面板

☐ 活页工单

班级：＿＿＿＿＿＿＿＿　　　　　姓名：＿＿＿＿＿＿＿＿

项目名称	万物照亮你的"美"——智能小家居
创客活动三： 智能家居升级 ——遥控 LED 灯制作	环节一：注册账号
	①用户 ID：＿＿＿＿＿＿＿＿＿＿ ②用户密码：＿＿＿＿＿＿＿＿＿＿
	环节二：透传设置

	接线	上传代码
	接线是否正确：□是 □否	①路由器名称：＿＿＿＿＿＿ ② WiFi 密码：＿＿＿＿＿＿ ③串口监视器显示是否正确：□是 □否

环节三：遥控 LED 灯制作

接线	上传代码
① ESP8266 接线是否正确： 　　□是　　□否 ②LED 小灯珠接线是否正确： 　　□是　　□否	① DEVICEID：＿＿＿＿＿＿ ② APIKEY：＿＿＿＿＿＿

环节四：验证和演示

①网页设备是否在线：　□是　　□否
②网页是否能控制：　　□是　　□否
③微信设备是否在线：　□是　　□否
④微信是否能控制：　　□是　　□否

问题及解决	

创客项目一
创客项目二
创客项目三
创客项目四
创客项目五
创客项目六
附 录

三七 创客活动四：
智能家居升级——实时监控环境温度设备制作

实时监控环境温度设备以 Arduino UNO R3 通过 ESP8266-01 连接贝壳物联，将 LM35 温度传感器监测到的实时环境温度发送到服务器，可以通过设备的实时数据界面查看实时环境温度。

□ 环节一：设备制作

1. ESP8266-01 接线

ESP8266-01 接线对照表如表 6-10 所示：

表 6-10　ESP8266-01 与 Arduino UNO R3 接线对照表

ESP8266-01	电 阻	Arduino UNO R3
VCC	无	3.3V
GND	无	GND
RXD	无	TX
TXD	无	RX
CH_PD	10kΩ	3.3V

2. LM35 接线

LM35 温度传感器是一种广泛使用的温度传感器，其输出电压与摄氏温度呈线性关系，0℃ 时输出为 0V，每升高 1℃，其输出电压增加 1mV。LM35 有多种不同的封装形式，如图 6-29 所示。在常温下，LM35 不需要额外的校准处理即可达到 ±0.25℃的准确度。

图 6-29　LM35 温度传感器

LM35 温度传感器接线对照表如表 6-11 所示：

表 6-11　LM35 温度传感器与 Arduino UNO R3 接线对照表

LM35	电　阻	Arduino UNO R3
+Vs	无	5V
Vout	无	A0
GND	无	GND

ESP8266-01 和 LM35 接线图与实物接线图分别如图 6-30 和图 6-31 所示。

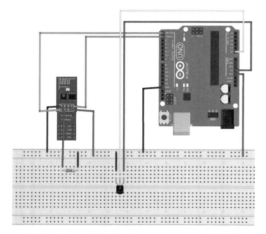

图 6-30　ESP8266-01 和 LM35 接线图

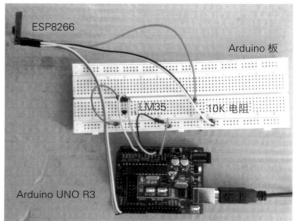

图 6-31　ESP8266-01 和 LM35 实物接线图

3. 上传代码

添加 aJson 库文件，将 aJson 文件夹全部复制到 Arduino 的库文件夹内，通常库文件夹位于【Arduino】/【libraries】。

打开 Arduino IDE，输入代码如下，检验并上传至 Arduino 板。

```
#include <aJSON.h>
//============= 此处必须修改 =============
String DEVICEID = "xxxx";  // 你的设备 ID=======
String APIKEY = "xxxxxxx";  // 设备密码 ==
String INPUTID = "xxxxx";  // 接口 ID=============
//=====================================
const int LM35 = 0;  // LM35 Vout 接 A0
unsigned long lastCheckStatusTime = 0;  // 记录上次报到时间
unsigned long lastUpdateTime = 0;  // 记录上次上传数据时间
const unsigned long postingInterval = 40000;  // 每隔 40 秒向服务器报到一次
```

创客项目一

创客项目二

创客项目三

创客项目四

创客项目五

创客项目六

附录

```
const unsigned long updateInterval = 5000；  // 数据上传间隔时间 5 秒
unsigned long checkoutTime = 0；// 登出时间
void setup() {
  Serial.begin(115200)；
  delay(5000)；// 等一会儿 ESP8266
}
void loop() {
  // 每一定时间查询一次设备在线状态，同时替代心跳
  if (millis() − lastCheckStatusTime > postingInterval) {
    checkStatus()；
  }
  //checkout 50ms 后 checkin
  if ( checkoutTime != 0 && millis() − checkoutTime > 50 ) {
    checkIn()；
    checkoutTime = 0；
  }
  // 每隔一定时间上传一次数据
  if (millis() − lastUpdateTime > updateInterval) {
    float val；// 定义变量
    int dat；// 定义变量
    dat = analogRead( LM35 )；// 读取传感器的模拟值并赋值给 dat
    //val=(125*dat)>>8；// 温度计算公式
    val = dat * (4.76 / 1023.0 * 100)；
    update1(DEVICEID，INPUTID，val)；
    lastUpdateTime = millis()；
  }
  // 读取串口信息
  while (Serial.available()) {
    String inputString = Serial.readStringUntil('\n')；
    // 检测 json 数据是否完整
    int jsonBeginAt = inputString.indexOf("{")；
    int jsonEndAt = inputString.lastIndexOf("}")；
    if (jsonBeginAt != −1 && jsonEndAt != −1) {
      // 净化 json 数据
      inputString = inputString.substring(jsonBeginAt，jsonEndAt + 1)；
      int len = inputString.length() + 1；
      char jsonString[len]；
      inputString.toCharArray(jsonString，len)；
      aJsonObject *msg = aJson.parse(jsonString)；
```

```
      processMessage(msg);
      aJson.deleteItem(msg);
    }
  }
}
// 设备登录
//{"M": "checkin", "ID": "xx1", "K": "xx2"}\n
void checkIn() {
  Serial.print("{\"M\": \"checkin\", \"ID\": \"");
  Serial.print(DEVICEID);
  Serial.print("\", \"K\": \"");
  Serial.print(APIKEY);
  Serial.print("\"}\n");
}
// 强制设备下线，用消除设备掉线延时
//{"M": "checkout", "ID": "xx1", "K": "xx2"}\n
void checkOut() {
  Serial.print("{\"M\": \"checkout\", \"ID\": \"");
  Serial.print(DEVICEID);
  Serial.print("\", \"K\": \"");
  Serial.print(APIKEY);
  Serial.print("\"}\n");
}


// 查询设备在线状态
//{"M": "status"}\n
void checkStatus() {
  Serial.print("{\"M\": \"status\"}\n");
  lastCheckStatusTime = millis();
}


// 处理来自 ESP8266 透传的数据
void processMessage(aJsonObject *msg) {
  aJsonObject* method = aJson.getObjectItem(msg, "M");
  if (!method) {
    return;
  }
  String M = method->valuestring;
  if (M == "WELCOME TO BIGIOT") {
```

创客项目一
创客项目二
创客项目三
创客项目四
创客项目五
创客项目六
附 录

```
      checkOut();
      checkoutTime = millis();
      return;
   }
  if (M == "connected") {
      checkIn();
   }
}
// 上传一个接口数据
//{"M": "update", "ID": "2", "V": {"2": "120"}}\n
void update1(String did, String inputid, float value) {
  Serial.print("{\"M\": \"update\", \"ID\": \"");
  Serial.print(did);
  Serial.print("\", \"V\": {\"");
  Serial.print(inputid);
  Serial.print("\": \"");
  Serial.print(value);
  Serial.println("\"}}");
}
// 同时上传两个接口数据调用此函数
//{"M": "update", "ID": "112", "V": {"6": "1", "36": "116"}}\n
void update2(String did, String inputid1, float value1, String inputid2, float value2) {
  Serial.print("{\"M\": \"update\", \"ID\": \"");
  Serial.print(did);
  Serial.print("\", \"V\": {\"");
  Serial.print(inputid1);
  Serial.print("\": \"");
  Serial.print(value1);
  Serial.print("\", \"");
  Serial.print(inputid2);
  Serial.print("\": \"");
  Serial.print(value2);
  Serial.println("\"}}");
}
```

　　将代码中 DEVICEID、APIKEY 两个参数修改为个人的设备 ID 和设备密码，修改 INPUTID，具体数据查看数据接口，如图 6-32 所示。

ID	名称	所属设备id	接口类型
	第一个数据接口		模拟量

图 6-32 查看数据接口

制作小窍门

1. 在代码上传之前确保 ESP8266-01 已经完成透传设置。

2. 上传代码时应断开 Arduino 板 TX、RX 连接线,否则代码无法上传成功。

3. 代码上传完成,断电连接 TX、RX 连接线,再通电启动。

☐ 环节二:查看数据并分享

1. 查看数据

在【设备列表】/【智能设备】中,可查看设备在线情况,当【在线状态】中显示在线,即连接成功,单击【控制模式】中的图表,可查看数据显示情况,如图 6-33 所示。

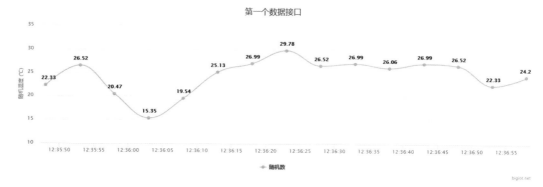

图 6-33 查看数据显示情况

2. 分享设备

如要获取他人设备的控制权，单击【智能设备】/【获取设备】，输入要获取的设备 ID 和设备 APIKEY，如图 6-34 所示。

图 6-34　获取设备

如果要将自己的设备分享给他人，单击【智能设备】/【设备共享】/【分享自己的设备】，如图 6-35 所示。

图 6-35　分享自己的设备

随后，在页面中选择要分享的设备，并输入对方用户 ID，对方即可在账号中控制设备，或者查看设备数据，如图 6-36 所示。

在制作过程中，请同学们逐项填写该活动的活页工单。

图 6-36　分享设备

□ 活页工单

班级：_____　　　　姓名：_____

项目名称	万物照亮你的"美"——智能小家居		
创客活动四：智能家居升级——实时监控环境温度设备制作	环节一：设备制作		
	ESP8266-01 接线	LM35 接线	上传代码
	ESP8266 接线是否正确： □是　□否	LM 接线是否正确： □是　□否	① DEVICEID：_____ ② APIKEY：_____ ③ INPUTID：_____
	环节二：查看数据并分享		
	查看实时数据	分享设备	
	①数据显示是否正常： 　　□是　□否 ②数据是否显示内容抄写： 　　□是　□否	①要获取的设备 ID： ②要获取的设备 APIKEY： ③获取设备是否成功：□是　□否 ④对方用户 ID：_____	
问题及解决			

附　录

附录 A　软件简介

名　称	简　介	官方网址
LaserMaker	LaserMaker 是雷宇科教针对激光 STEAM 创客教育开发的激光切割机专用配套软件。该软件界面友好，功能强大，支持 DXF、AI、PLT 等矢量格式及 JPG、BMP 等位图格式文件，也可以借助专业绘图软件作图，如 CorelDRAW、AutoCAD、Inkscape、Sketchup 等。同时还具备灵活的图形绘制功能。是一款界面友好、操作简易、功能丰富的面向创客教育定制版的激光建模软件	http：//www.lasermaker.com.cn/
CorelDRAW	CorelDRAW Graphics Suite 是加拿大 Corel 公司的平面设计软件。该软件是 Corel 公司出品的矢量图形制作工具软件，这个图形工具给设计师提供了矢量动画、页面设计、网站制作、位图编辑和网页动画等多种功能	https：//www.corel.com/cn/
UG	UG（Unigraphics NX）是一个交互式 CAD/CAM(计算机辅助设计与计算机辅助制造）系统，它功能强大，可以轻松实现各种复杂实体及造型的建构。它在诞生之初主要基于工作站，但随着 PC 硬件的发展和个人用户的迅速增长，在 PC 上的应用取得了迅猛的增长，已经成为模具行业三维设计的一个主流应用软件	https：//www.plm.automation.siemens.com/global/en/products/nx/
Arduino	Arduino 是一款便捷灵活、方便上手的开源电子原型平台，包含硬件（各种型号的 Arduino 板）和软件（Arduino IDE)。Arduino 能通过各种各样的传感器来感知环境，通过控制灯光、发动机和其他的装置来影响、反馈环境。板子上的微控制器可以通过 Arduino 的编程语言来编写程序，编译成二进制文件，烧录进微控制器。对 Arduino 的编程是通过 Arduino 编程语言（基于 Wiring) 和 Arduino 开发环境（基于 Processing) 来实现的。基于 Arduino 的项目，可以只包含 Arduino，也可以包含 Arduino 和其他一些在 PC 上运行的软件，它们之间进行通信（如 Flash、Processing、MaxMSP) 来实现 Arduino 的硬件原理图、电路图、IDE 软件及核心库文件都是开源的，在开源协议范围内里可以任意修改原始设计及相应代码	https：//www.arduino.cc/

创客项目一
创客项目二
创客项目三
创客项目四
创客项目五
创客项目六
附　录

（续）

名　称	简　介	官方网址
贝壳物联	贝壳物联是一个物联网云平台，可以通过互联网以对话、遥控器等形式与智能设备聊天，发送指令，查看实时数据，根据实际需求设置报警条件，可通过APP、邮件、短信、微博、微信等方式通知用户	https：//www.bigiot.net/

附录 B　设备简介

雷宇 Nova 系列激光切割雕刻机

雷宇 Nova 系列激光切割雕刻机采用高强度高精度一体化结构，具有较好的刚性、稳定性及抗震性，采用外滑块导轨传动运行，在提高切割光滑面的质量同时也加快了移动速度，大大提高了工作效率。其采用的人性化的操作界面控制器，使用 USB2.0 高速接口进行数据通信，简单易操作，数据传输高效安全。

根据尺寸不同，分为 NOVA63、NOVA51、NOVA35 三个型号。

官方网址：http：//m.thunderlaser.cn/

费斯托 KS 120 滑动式斜切锯

费斯托 KS 120 滑动式斜切锯使用双辊导引系统，能够实现精确切割，用角度尺和双轨激光可实现精确角度转换，具备极强的切割能力（可达 120 mm），主要用于型材的切割。

官方网址：https：//www.festool.cn/

费斯托 PS 300 曲线锯

费斯托 PS 300 曲线锯采用平行可调式硬质合金卡爪的三重锯片导向控制，确保了绝对的精确度，可实现各种角度的切割，主要用于切割圆形和曲线、开槽。通过人体工程学设计和重心布置，在单手操作时同样可以轻松而可靠地操控。

费斯托 CMS BS120 砂光机

费斯托 CMS BS 120 砂光机用于精确的打磨、边缘打磨、环形和曲线的打磨，以及材料的简单修边和修整。

费斯托 PS 300 曲线锯

费斯托 CMS BS120 砂光机

极光尔沃 A8S

极光尔沃 A8S 是国产大尺寸 3D 打印机，精度较高，双电动机双送料，可实现续电断打。

官方网址：http：//www.3derwo.com/

Formlabs Form2

Formlabs Form 2 是 Formlabs 公司开发的立体光刻 (SLA) 技术 3D 打印机，依靠强大的光学引擎，可以提供具有极为丰富细节的激光打印。适合于坚固的工程样件、复杂的艺术作品或复杂的水密结构的打印，其打印作品具备卓越的分辨率和表面光滑度。

官方网址：https：//formlabs.com/cn/

参考文献

[1] 丁源．UG NX 10.0 中文版从入门到精通 [M]．北京：清华大学出版社，2019．

[2] 刘极峰，杨小兰．机器人技术基础 [M]．3 版．北京：高等教育出版社，2019．

[3] 北京兆迪科技有限公司．UG NX 10.0 运动仿真与分析教程 [M]．北京：机械工业出版社，2015．

[4] 吕爽．大学生创新创业实务指导 [M]．北京：中国铁道出版社，2017．

[5] 胡飞雪．创新思维训练与方法 [M]．北京：机械工业出版社，2019．

[6] 周苏．创新思维与 TRIZ 创新方法 [M]．2 版．北京：清华大学出版社，2018．

[7] 王亚非，梁成刚，胡智强．创新思维与创新方法 [M]．北京：北京理工大学出版社，2019．

[8] 吴汉清．玩转 Arduino 电子制作 [M]．北京：机械工业出版社，2016．

[9] 陈吕洲．Arduino 程序设计基础 [M]．2 版．北京：北京航空航天大学出版社，2015．

[10] 宋楠，韩广义．Arduino 开发从零开始学——学电子的都玩这个 [M]．北京：清华大学出版社，2014．

[11] 李永华，彭木根．Arduino 项目开发——智能生活 [M]．北京：清华大学出版社，2019．

[12] 崔胜民，俞天一，刘云宾．小创客玩转智能车 [M] 北京：化学工业出版社，2018．

[13] 东尼·博赞，巴利·博赞．思维导图 [M]．卜煜婷，译．北京：化学工业出版社，2015．

[14] 布鲁克·诺埃尔·摩尔，理查德·帕克．批判性思维 [M]．朱素梅，译．北京：机械工业出版社，2012．

[15] 李博，张勇，刘谷川，等．3D 打印技术 [M]．北京：中国轻工业出版社，2017．

[16] 于彦东．3D 打印技术基础教程 [M]．北京：机械工业出版社，2017．